今日も！幸せありがとう

今から幸福人生街道の旅人になる

作家・社会教育家・講演会講師
宇佐美 覚了

浪速社

誰でも例外なく幸せに生活したい。
私たちは人生街道を行く旅人です。

この街道を幸福にするか不幸にするかは
私たちの発想と言動しだいです。

生涯にわたり幸せ感いっぱいで
感謝の心をもって生きたいものです。

幸せ実現の具体的方法を考えてみましょう。

はじめに

誰でも幸せな人生をおくりたい。

これは老若男女を問わず人間共通の願いです。

マスコミで、「極楽駅」と名のつく駅ができ、田舎駅が突然人でにぎやかになったと報道されました。

極楽駅に向う車中の人、乗降車する人の顔が幸せそうです。笑いもあります。

私はこのニュースをテレビでも見ました。

幸せは万人の例外のない不変の願いだとあらためて認識しました。

極楽駅を一度だけ利用しただけで、人は幸せ感を体験することもありえます。

毎年、全国各地で、節分の日に豆まきをします。「福は内、鬼は外」と不幸を払い、幸せを招きます。

商家では、客や福を招くとされる「招き猫」が店頭に飾られます。幸せを願うのは、この世に生きている間ばかりではありません。「冥福を祈る」と言い死後の幸せも念じます。

まさに、人は全て、生死をこえて常に幸せでありたいのです。死後も幸せでありたいと願うのですから、今ここに生きている現実生活で幸せであってほしいと念ずるのは当然です。

人生は旅と言うことがあります。誕生からこの世を去るまで、人生街道を歩く旅路だと思います。

変化があります。道中に悪天候に会うこともあります。晴天で気候も良く、気分爽快な旅もあります。

旅に苦楽があります。健康状態が良くない時の旅はつらい。

人生の旅も同じです。快調な時もあれば逆に苦しい状況の時もあります。

それでも、人は皆が自分の人生の天命をまっとうしなくてはなりません。

私は、人生を充実して、楽しく、幸せな生き方が出来る達人がいることを知りました。
社会的地位があったり、有名人でない人にも達人がいるのです。
知名度、学歴、地位などまったく無関係に達人がいます。
例えば「妙好人《みょうこうにん》」と呼ばれる人です。
彼らは、「幸福人生街道の旅人」なのです。人生を生きる達人である
彼等の共通にある特質は次のように要約されます。

幸福な時は、その幸せ感が普通の人より充実している。
その結果、より充実した人生を楽しみ、さらに幸せな状態
になる。

不幸な時は、その不幸感が普通の人より収縮している。
その結果、充実の方向に意識し、次の明るい未来に挑戦す
る状態になる。

妙好人の人は、幸福を拡大し、不幸を縮小するのです。従って、人生がプラスに、前向きに展開するのです。高い水準の妙好人は、幸福に感謝し、楽しみ、逆に不幸に感謝し、楽しみの栄養とするのです。

人は発想の仕方、生きる方法によって、自然と、それに応じた結果をもたらす傾向がつよいものです。

プラス思考の発想と、生き方によって、プラスの結果がおこりやすいのです。

逆に、マイナス思考と生き方ではマイナスの結果になりやすいのです。人生の幸福、不幸も因果律の法則の影響をうけます。結果には、それなりの原因があります。

私は未熟児で生まれ、中学の義務教育を終えるころまでは、虚弱な子どもでした。幾度も大病を重ねました。死線をさまよったことも何日もありました。死を強く感じたこともしばしばでした。

明日の朝はむかえられないと落ちこんでいたこともありました。朝になって太陽の光が家のガラス窓をてらすと、「生きている」と感動し、感謝しました。

このような体験をくりかえしているうちに、取り越し苦労をしないように心がけるようになったのです。

「死ぬ時は死ぬ。今、生きているのが現実。この現実に感動し感謝して幸せを楽しもう」と太陽の光を見て考えました。プラスの思考で生きていることに心が落ち着いたのです。

大病や死線をさまよう体験は、私にとって、人生を幸せに生きる基本となる考え方や生き方を教えてくれました。

良寛和尚は、「死ぬる節には死ぬがよく候」と言ったと伝えられています。

彼はこだわりにしばられずに、幸せな生涯が送れました。大往生だったのです。幸せに生きる示唆にとんだ人生観です。必要以上の心配をしないで、今を生きることが幸せにはかかせません。

私は古稀の年齢を通過しました。杜甫の詩句に、「人生七十古来稀《まれ》なり」とあります。

私が生まれた昭和十二年ころは、「人生五十年」と一般に言われていました。

未熟児、虚弱体質の私が死線を幾度もこえて、高齢になり、人生を楽しんでいるのは不思議なくらいです。ありがたく幸せです。

私はこれまで、無数の限りない恩恵に守られ、生かされてきました。つくづくありがたく思っています。

私のこれまでの人生は幸せです。

この実感に感謝して生きている毎日です。

正確に考えて、ふりかえれば、人なみの苦労や、苦痛はあります。考え方、生き方によって、この苦労とか苦痛は、自分の中で消化して幸せの原動力に転化できると思います。

人生は四苦八苦が現実です。私だけ四苦八苦はないことはありえません。「苦楽一如」です。

苦の反対側に、楽、すなわち楽しいこと幸せなことがあります。

「楽は楽」「苦を楽」にこの関係が具現化することが大切だと、今の私には思えてなりません。

今日も！　幸せありがとう
　―今から幸福人生街道の旅人になる―

この内容で、私の考え方、幸せ感を他の多くの人たちと体感したいと長年にわたり願ってきました。
幸せ人生の実現の喜びを一人でも多くの人たちと共有したいのです。
この私の長い年月にわたる念願を受け入れて、出版の機会をあたえてくださった図書出版　浪速社と、親切にご指導くださった同社の代表取締役　杉田宗詞氏に、心よりお礼を申し上げたいと思います。

平成二十二年四月

宇佐美　覚了

■今日も！ 幸せありがとう――――目次

幸せを導く「五行詩」

（1）

幸せはどこにあるかと
歩きまわった後に立ちどまり
疲れた足をさすっていると
大きな幸せが足もとにあった
日常の生活の大切さを知った

（2）

苦悩ばかりで幸せでないと
野外に出て大声で叫んでいると
地上で草花が咲き大空で鳥がまう
大自然の中で生命を大切にしていた
私も生きていて幸せだと感じた

（3）
線は点の連絡である
過去、現在、未来は
人生の一線上にある
今を幸せに生きずして
過去と未来の幸せはない

（4）
生と死は一体である
生誕あれば死去があって当然
死を幸せな心境でむかえる人は
毎日の生も幸せである
生死一如の幸せ人生の旅人

(5)

たしかな大きな今の幸せ
それはこうして生きている現実
死線をさまよった経験者は
生きている素晴らしさを知る
幸せに感謝して今日も生きたい

(6)

幸せな人は
有るものに感謝して生活する
不幸な人は
無いものに不平を言って生活する
誰でも有るものは無数で幸せも無限

（7）
自分の幸せを中心に願っていると
自分も他人も幸せになれない
他人の幸せを心して生きていると
自分も他人も幸せに近づく
自他ともに幸せでありたい

（8）
私たち万人はそれぞれ
地上で唯一無二の存在
自分の大切な人生を
感謝し精進して
真剣に生きて幸せになりたい

（9）

私たちの心身には
無限の祖先の愛情と期待が
いっぱいにつまっている
祖先に喜んでもらえる言動をして
私も祖先も共に幸せになりたい

（10）

雨にも負けず風にも負けず
これもまた大切な生き方
雨を受けいれ風も受けいれ
これまた重要な生活法
全ての状況も心しだいで幸せに

(11)

親は子どもを養育し
子どもは親になり子育てをする
生命の継続であり愛情の流転
生命と愛情は世代が変わり
限りなく受けつがれて幸せ

(12)

地球にやさしくと言う
これは大切な人の姿勢である
私は地球に感謝でありたいと思う
感謝すればやさしくなれる
地球に感謝なくして地上の幸せなし

(13)

人生は無常と言う
常で無いから幸せ
変化があるので
幸せになる可能性あり
幸せは考え方、生き方しだい

(14)

美しいものを見て
美味しいものを口にして
幸せと人は言う
しかし幸せには五感をこえた
愛情など多くあることも現実

(15)

誰でも何か出来る可能性を
もって生きている
全てが出来る人、何も出来ない人は
この地上には一人もいない
自分の可能性にかける人は幸せ

(16)

この世には極楽と地獄が実在する
同一の生活環境にあって
極楽に生きる人、地獄に生きる人がいる
生活の中で幸せを発見し感謝している人
四苦八苦の生活に極楽をみいだしている

(17)

明日は明るい日と書く
朝になったら太陽が光をさす
自分の心に一生にわたり雲があった
いつまでも幸せの光を感じない
心の雲をとりはらって毎日を送りたい

(18)

毎日の生活は苦悩の修行道場
苦しい鍛錬をして武道の達人になる
苦悩の人生街道の旅を体験しつつ
人生旅道場を行きぬくなかにあって
幸せ実感の毎日をおくる達人になる

（19）
一隅を照らす幸せがある
心のロウソクに火をつけて
小さなことでも
一隅を照らす人になりたい
自他の幸せは万人の願い

（20）
自分のやるべきことを
心をこめて取りくむ
成功しなくとも幸せになる
成功すれば幸せは大きい
挑戦する人は幸せな人

(21)

施すことは大きな幸せ
奉仕など無財の施しもある
施されて幸せになり
施しをして幸せになる
双方ともに幸せ人生実現

(22)

逆境にあることをなげかず
苦しき縁を人生の栄養とする
根気よく人生開拓をしていると
いつの日か気づかぬうちに
人生の大きな花が咲いている

(23)

仕事も勉強も大切にしよう
人生街道の旅路の重要な道のり
真剣にとりくめば自己発見をする
楽しくなり幸せもわくことが多い
歩いた後に道ができる

(24)

平凡な生活は尊くありがたい
今ここに呼吸している平凡さ
無事な証であり素晴らしい
この平凡な静かな生活に
感謝の心で幸せに生きたい

㉕
生まれる時も死ぬ時も
常に裸で一人ぼっち
しかし孤独では決してない
生死をこえて無限の慈悲で
人は例外なく支えられている

㉖
必要以上に財を求めたくない
死ぬ時は一文なしの旅路
我欲で財を積みあげてみても
この世に罪だけを残すことが多い
幸せな気持ちでこの世を去りたい

(27)

他人の境遇をうらやまず
自分の境遇をいかす努力
どのような状況にあっても
苦と楽は確実に存在している
良いことを発見する人は幸せ

(28)

今日は今の日と書く
今を大切にする日を続ける
未来の明るさは今日にある
一日が一生を形成する
一生の幸せは今の生き方しだい

(29)

不運な時をなげかずに
幸運な時を喜んで生活する
不平の多い人は
幸せが遠ざかっていく
幸せは感謝の心ある人が好き

(30)

今やるべきことを
後まわしにする人は
成果をあげることが少ない
今に集中して生きる人は
成果が多く幸せになる

幸せ人生実現

「七五調座右銘」

1 苦悩を幸せの原動力にする

この世には　苦悩なき人　常になし
見わたせば　どの方向も　苦悩あり
幸せに　苦悩をこえて　今をいく

2 懺悔で力強く幸せになる力に転化

わが生命　他の犠牲にて　存在す
恩恵に　感謝の心　忘れがち
責任を　転嫁しながら　不平いう

3
感謝すれば幸せ人生拡大

生かされて　守られている　幸多し
わが力　こえたはからい　その中で
願われて　この世に生まれ　実在す

4
報謝で生かされている幸せを強化

自己育て　充実感が　わきおこる
世のために　何か役だち　生活す
誰しもが　無財の布施は　可能なり

5

忍耐で幸せ人生街道の旅人に

つらいこと　さけてとおれぬ　人生は
望まぬが　やってくるのが　人生苦
おくりたい　苦楽一如で　生涯を

6

持戒で人道を活き幸せな日常生活を

むさぼりは　みをほろぼして　苦が残る
無法にて　不幸はびこり　幸がさる
人道を　心している　自他ともに

7

希望が活力ある幸せ人生に導く

明日を　明るい日にと　望みもつ
自分なり　社会よくする　心して
幸せは　身近な人に　まずあたえ

8

三昧すれば人生は楽しく幸せになる

何ごとも　集中なしに　得られない
幸が増す　自分の分野　もつ人に
日に一度　心浄化の　時をもつ

9

善行は真の幸せ人生をきずく原点

人のため　自分なげだす　時もある
奉仕にて　幸せ社会　きずきたい
小さくも　よき言動で　幸をまく

10

精進すれば自然に幸せがやってくる

人はみな　役割もって　生きている
自他のため　はげんで生きて　幸をます
何かにて　社会のために　つくしたい

第一章

幸せになる人の基本姿勢

幸せになる人に共通の基本的な考え方や
生き方があります。

まず、この基本姿勢を理解して、
日常を生きることが大切です。

誰でも、幸せになれるはずです。
苦悩の中にあっても、人は皆が幸せを望み、
幸せになれるはずです。

1. 幸せは何時でも何処でも実在する

私は幸せは、日常生活の中に常に存在すると考えています。

○幸せに出会えない人間はいない。幸せを発見し、喜ぶ心と習慣がないだけである。

○幸せは、いつでも、どこでも自分の周辺に存在する。小さくても幸せの現実を喜んで生活しよう。

○他人の幸せを嫉妬せずに、自分の今ある幸せに感謝したい。

米国の大富豪のカーネギーは、「好機に出会わない人間なんぞ一人もいない。それを捕らえ得なかったまでだ」と言ったそうです。

私は幸せも同じだと思います。

問題は自分自身であり、日ごろの心のあり方しだいです。

幸せのない日は一日もありません。考えてみれば一瞬いっしゅんが幸せにみちています。呼吸し、生きていること自体が幸せです。

私は死線をさまよった後に、つくづく生きている幸せを体感しました。

だから、今こうして生きていることが幸せです。

他人の成功、幸せそうな人に嫉妬しないことです。広い心をもつ心がけで、他の幸せを念じたいものです。他人の幸せを願う自分が幸せになります。

私は毎日五時半に起床し、妻と愛犬二頭と、近くの神社と寺院で参拝します。

家族や地球上の全ての人たちや動植物の幸せを念じます。早朝の参拝で一日がさわやかで、幸せになります。

2. 幸せは自分から創造し拡大するもの

幸せは、他から与えられることを期待するよりも、自分から創造し拡大するものだと思います。

○仕事や勉強が自発的なものならば、幸せです。強制的ならば不幸です。

○努力をして目標にたちむかう時は幸せであり、怠けている時は不幸です。

○今を大切に生きることは幸せ。どんどん先おくりして生きるのは不幸です。

文豪ゴーリキーは、「仕事が楽しみならば人生は楽園である。仕事が義務になったら、人生は地獄である」と語りました。

仕事や勉強は好きな分野ならば幸運です。あまり好きでない分野が必要に応じて挑戦しなくてはならないなら、好きになる努力をすべきです。

入試において不得意科目でも勉強しなくてはなりません。

職場の仕事でも給料をもらい、生計をたてているからには、さけられない仕事もあります。

気分よく能率をあげるために好きになり自発的にとりくめるようにしたいものです。

目標をもち、努力している場合は、心身の疲れは少なく、成果もあげやすいものです。

努力していることに希望があるからです。幸せな心でいるから心身の健康によいのです。

怠けて、なげやりであったり、無気力であることは不健康です。幸せ感がありません。

「明日ありと思う心のあだ桜　夜半《よわ》に嵐の吹かぬものかな」と親鸞は言いました。

明日やればよい、来月しようと、今日やるべきことを延ばすと、心がおちつきません。人生の落伍者への道です。

今日やるべきことをやりとげると気分よく夜がねむれます。毎日が幸せになります。

仕事や勉強などを能率よくこなして成果をあげる人は、時間を有効的に活用します。生活がリズミカルで活力があります。

幸せな顔つきをしています。

時は人を待たずです。

3．幸せは、「自他共生」で強化される

幸せは自分だけ独占するものではなく、自分も他人も社会も幸せでありたいと願うべきです。

○自分の夢実現を目ざして毎日をおくることのなかに幸せがあります。すなわち、「自己実現に精進」することです。

○他者のため、社会のために努力して幸せを分かちあうことに幸せがあります。「社会貢献で活動」することは幸せなことです。

○人間は欲望があるから成長するのですが、社会に害をあたえる欲望は、自分も他者も不幸にします。「強欲の支配」をとりのぞくことが大切です。

大実業家ワナメーカーは、「成功の秘訣は別にない。自分がしなければならない小さなことの一つひとつに、全力をつくすことである」と語りました。

この地球上に、まったく同一の人間はいません。顔がちがうように、人生の総体は同一ではありません。

自分にしかできない、なすべき事が誰にでも必ずあります。

自分流の生き方、自分の夢実現に地道に根気よく毎日をおくりたいものです。

自己実現に精進することは幸せなことです。自分の夢を大切にして、一歩一歩あゆみたいものです。

自己中心、他者犠牲の生き方や考え方からは、決して自他共に幸せにはなりません。

時と場合によっては自己犠牲、他者中心の姿勢が重要です。何かの分野で継続的に奉仕をして、他者のためにつくす心が幸せの原動力になるものです。

他者が幸せであることは、自分も幸せになることに通じます。

二宮尊徳は、「すべて商売は、売りて喜び、買いて喜ぶようにすべし、売りて喜び、買いて喜ばざるは道にあらず」と語ったそうです。

互いに幸せになってこそ、真の商売です。強欲に寄って、相手を悲しませ、苦しめるようでは、人の道に反します。

学歴が高く、地位と名声のある人間が、しばしば強欲により犯罪者になり、法的な処罰を受ける事件があります。

財産面ばかりではなく、地位とか名声などに強欲になり、心をみだし、言動が非人間的になるのは不幸なことです。

さわやかな欲望にとどまることが幸せに生きるこつの一つです。

4. 幸せは「因果律」のうえになりたっている

幸せは、何らかの原因によって生じた結果の上になりたっているものです。

○自分が幸せになりたいなら、他人を幸せにしたり、自分育てをしなくてはならないのです。

○不幸な現状は、その原因が過去や現在の生活になかったか再考しなくてはなりません。

○不幸な現状の原因がみつからないなら、幸せな未来に向かって、幸せになる原因を積み重ねます。

ソクラテスという哲学者は、「世界を動かさんと欲するものは、まず自ら動くべし」と言ったそうです。

世界といえば大きなことのようですが、自分の人生と考えてみてはどうでしょう。

自分の人生が幸せでありたいなら、それに応じた努力をして原因をつくるべきです。

例えば志望校に合格したいなら、努力を重ねて、幸せ合格の原因をつくります。

暴飲暴食をして健康を害して、不幸だとなげいても幸せにはならない。不健康になる原因を自分からつくりだしているのです。

反省こそ、まず重要です。健康管理をして、健康という心身の幸せの原因をつくるべきです。

不幸の原因はかならずあるのです。

しかし、残念ながら自分をかばい守る真理もあり、原因がみつからないこともあります。

そのようなケースでは、どうしたら幸せになれるか考えて、幸せ道の旅人になる原因づくりをしましょう。

貝原益軒は、「天下の事、我が力になしがたきことは、只天に任せおくべし。心を苦しむるは愚なり」と語りました。

私は未熟児で生まれ、病弱でした。死線をさまよいました。じっと耐えて病気を友にしました。

体調が少し良い日には、本を枕元に置き手にとりました。

小中学校は満足に通学しませんでしたが、読書する幸せは、他の友人たちより多かったと感じています。

その結果、今では、雑誌、新聞に執筆したり、本を出版する幸せをあじわっています。

不幸なことのなかに幸せの要因があることもおおいのです。

5. プラス思考で不幸脱出し幸せ拡大

幸せは発想や言動をプラス思考で生活してえられるものです。

○失望や、なげやり的な言動からは幸せは得られません。
○幸せは忍耐し、辛抱する生活からうまれます。未来に希望をもって耐えて生きることです。
○苦境の中にも、かならず幸せになる種はあります。その種を育て、幸せにと進化です。前向きに思考し、挑戦することです。

詩人テニソンは、「どんなことにも失望するな。失望からは何も生まれない」と語りました。

逆境の中にあっても、悲運においても、希望をもって、努力を続けなくては道は広がりません。

格言に、「石の上にも三年」があります。

石はつめたいですが、長く坐っていると石も自然にあたたまるものです。辛抱して気ながに時が来るのを待つことも大切です。

そのうちに、幸せの運がやってくることが多くあります。

私は、医師も見離した病気に、気長に回復の夢をもち闘病しました。

その結果は今の幸せがあります。忍耐しつつプラス思考が大切です。

もちろん幸運に恵まれた生活の中にはより幸せになる種はあります。

同じように不運、不幸の中にも不幸脱出、幸福獲得の種はあります。

この種が芽を出し実を結ぶのです。

私は、学生時代に苦学生として五十種類ちかくのアルバイトをしました。生活費、学費を得るためです。

一見すると苦境でしたが、学校の授業では学べない、社会学習を多くしました。

裕福な学生が学校とレジャーだけに時間をつかっている間に、私は社会学習も出来ました。幸せいっぱいの苦学生の生活でした。

四年間の苦学生の間に、少しづつ育った種が社会人になって、おおいに役立ちました。

恵まれない状況の中にこそ、将来に役立つ種があるのかもしれません。

幸せ実現は万人の共通の願いです。幸せになる発想と生き方を具体的に日常生活で継続して実践することが必要です。

ただ幸せになりたいと思っているだけでは幸せはやってきません。

誰でも幸せになりうる発想と生き方十則を日常実践して確かな幸せ人生をつかみましょう。

第二章

幸せ実現の具体的な日常生活法十則

幸せ実現は万人の共通の願いです。
幸せになる発想と生き方を
具体的に日常生活で継続して
実践することが必要です。

ただ幸せになりたいと思っているだけでは
幸せはやってきません。
誰でも幸せになりうる発想と生き方十則を
日常実践して確かな幸せ人生をつかみましょう。

[1] **苦悩**を幸せの原動力にする

1. 人生に、「四苦八苦」はさけられないと認識

苦悩に、「生老病死《しょうろうびょうし》」の四苦があります。

生まれること、老いること、病むこと、死ぬことは誰も逃れることができません。

特に「生」「老」「死」は運命的なものです。自分の努力の範囲をこえています。

この四苦のほかに「愛別離苦《あいべつりく》」があります。大切な人との別れです。

親、子ども、家族などとの別れがあります。

「怨憎会苦《おんぞうえく》」のいやな人にも会わなくてはならないこともあります。

「求不得苦《ぐふとくく》」は物や地位が思うように手にはいらない。

「五蘊盛苦《ごうんじょうく》」は煩悩に悩み苦しむことがあります。

すなわち、人生は「一切皆苦《いっさいかいく》」でおおわれているのです。

この現実をしっかり認識して人生を前向きに日常生活し、光を求めて努力することのうちに幸せがあるのです。「苦楽を共にする」ことです。

苦があるから楽、幸せがあるのです。

「苦楽一如」であり、「不幸幸福一如」が人生そのものとの自覚が幸せになるために必要です。

2. 苦悩を消化し昇華をめざし生きる心がけをもつ

食物を消化する時、食物を溶解し、栄養になるものを吸収します。栄養を得たあとは、体外に出します。この働きがよくないと消化不良になります。

人が生きることに四苦八苦はつきものです。生き方に消化不良をおこすと、苦悩にふりまわされて、不幸な人生になります。

苦悩の中に、人生をおくるのに栄養となることも多いのです。

これをうまく吸収して、人生の栄養にしたいものです。

病苦も、対応しだいでは人生を力強く、幸せに生きる栄養になるのです。

昇華は、固体から気体になったり、逆に気体が固体になる現象をさします。

妙好人と言われる人は、人生の苦悩や不幸を、幸せに昇華させる達人です。幸福を拡大し、不幸を減少させる達人なのです。

人生の達人にそなわっているのは、「幸せ実現生活法十則」を日常生活で実践する力と習慣があります。

3. 何故、苦しみ悩むかの原因を知る

我欲、なかでも強欲に自分がふりまわされていると、幸せはやってき

ません。

この欲には、金銭、地位に対するもの等があります。

さらに思い通りにならないと腹をたてる。気が短かく、いらいらして落ちつきがなくなります。

これも苦悩の大きな要因です。

次に、幸せに生きるための知恵が不足し、明るく生きられません。愚痴の多い生活になります。

これら三つを三毒の煩悩と呼ばれています。

煩悩に支配される度合いに応じて、日常生活の各局面で悩み苦しむ程度が大きくなります。

昔から、「人事を尽くして天命を待つ」という格言があります。

人間の力の限りを尽くして、その結果は運命にまかせるという心境や、生き方も重要だと思います。

[2] 懺悔で力強く幸せになる力に転化

1. 動植物の生命を犠牲にしている

私たち人間は、全てが動植物の生命をうばい自分たちの生命を維持しています。

食物連鎖のサイクルの中にはいると、互いに食べたり、食べられたりしているのが動植物の世界では普通です。

人間は動物の一種です。地球上にあって、動植物の仲間です。

しかし、人間は、自然界において、食物連鎖の一員にはいっていません。

人間は動植物を一方的に食べて、人間の肉体を他の動植物の維持、保存に提供していません。

この人間の勝手な食生活の現実に懺悔しなくてはなりません。

なかには、一方的に動植物の生命をうばい食べていながら、味の良し悪しを平気で日常いつも話す人もいます。

若し、自分の肉体をうばわれ、他の動物が口にして、味が良くないと不平を言った時の自分の怒りを想像してみたら、人間の罪の深さがわかります。

人間が人間を殺したら、重罪です。

ましてや人間が殺した人間の肉を食べ美味しくないと言ったら、大きな社会問題です。

地球上において、人間も一種の動物です。特別な地位、権力をもっているわけではありません。

人間は言葉を使い、技術があるので他の動植物より優位ではありますが、何でも平気でやりたい放題にしてよいわけではありません。

最近、地球の温暖化、自然破壊が社会問題になっています。「地球にやさしく」とスローガン化しています。

私は、「地球に懺悔」「地上の動植物に懺悔」だとも思います。

地球や動植物に懺悔の心がなくなれば、地球上の環境はますます悪化しそうです。

現代社会に生きる私たちは動植物の生命の犠牲のうちに、私たちが生かされていることに懺悔し、申し訳ありませんと思う心がぜひとも必要です。

2. 無限の恩恵を軽視したり無視する不幸

私たちは生まれてから今まで、無数の人たちや、自然界の各分野から恩恵を受けてきました。

誕生後から日夜にわたり、親、家族から守られて生きてきたのです。誰からも世話されなかったら、今ここに存在していきていられません。そのことを、私たちは忘れがちです。

忘れるばかりではなく「恩を仇で返す」の諺のように、うけた恩に対して、感謝して恩がえしをせずに、反対に害をもってむくいるケースも時にはあります。

人間関係では、親や家族ばかりか、恩師、友人、学校や職場の仲間、近所の人たち等と多種多様です。

私たちは卒業後に恩師に一通の手紙も出さずにいることがあります。実は、名前さえ忘れている場合がほとんどです。「ありがとうございました」の一言も恩師に言わないことが多いのです。

私たちは、これまでに無数の人たちに支えられ、守られてきました。だから今があるのです。これは現実です。

世話になったこと、迷惑をかけたこと、感謝しなくてはならないことが、無限にあります。

日常生活でこのことをすっかり忘れて、不平不満の心で生きていくことが多いのです。

一生、真剣に無限の恩恵に感謝することを思い出せずに、この世を去る人もいるのです。

無限の恩恵を軽視したり、無視する日常生活に幸せ感はありえません。

私は毎朝五時半に起床し、妻と愛犬二頭と近くの神社、寺院を参拝します。

心をこめて念ずる内容は、有縁、無縁の人たちに感謝してその人たちの幸せを念じ、参拝します。

私たちの幸せをまた念じます。

「ありがとうございます」といった心がもとになっているのです。

一時間ちかく朝の参拝を終えて、朝食です。食事が美味しいのです。

肉体は運動し、心はさわやかだからです。

「ありがとう」の心には、当然に懺悔の気持が中心にあります。感謝と懺悔は一体で、きりはなすことは出来ない内容なのです。

無限の恩恵を軽視したり、無視する人は永久に幸せ感にみたされる時はやってこないと言いきれそうです。

懺悔の心をもつことはマイナス思考のようですが、じつは強力なプラス思考なのです。

3．責任を他者転嫁する生き方

自分の罪や責任などを他になすりつけようとする生き方があります。

詩人リルケは、「一つ一つ障害を乗りこえ一段一段ずつ築きあげて行って最後に自分の内部を見ることができるようになるのである」と語ったそうです。

人生は苦が多く、人生街道は障害いっぱいです。順風満帆の生涯などありえません。

人生の成功者こそ、その道中は大きな障害が横たわっていたはずです。これらの障害をいくつも乗りきったからこそ、成功が結果として達成できたのです。

障害に挑戦することなく、成功しないとか人生が楽しくなく充実していないとなげく人がいます。

挑戦しても失敗すると、自分の人生は不運だと腹をたてる人もいます。

成功しなかったり、失敗するのは、少しは運や不運もありますが、基本的には努力不足です。意欲不足です。

人生が思うように展開しないと、他者転嫁することを習慣としている人がいます。

自分の努力不足を、他者の責任に転嫁する人の人生は充実していません。楽しくなく不幸です。

自己責任を他者責任に変えて、自分を守ることに心がはしる人間は罪ふかいです。

自分育てに役立ち、貢献してくれていた人に責任をおわせることは、人間として悲しく、恥ずかしいことです。

過去に、現在も、責任を他者転嫁していた場合は、すぐに懺悔すべきです。

このことに関して懺悔なくして幸せ人生の実現はありえません。

自分の人生は、自分の努力で開拓していくという基本姿勢が幸せを招きよせるのです。

[3] 感謝すれば幸せ人生拡大

1. 生かされている現実を認識

人間は自分の力で生きていると思いがちです。

現実は、自分の力だけで生きているのではなく、他の有形・無形で無限の力で生かされているのです。

私の肉体と考えていることがあります。

しかしこの肉体も実際は私の所有物、私がつくりだしたものではないのです。手の小指一本も自分の力でつくれません。

いつか老いたり、病気になります。すると私は死をむかえます。

自分の所有物と思いこんでいた小指すらなくなってしまうのです。肉体はこの世での借り物です。

肉体は肉眼で見えます。心は目に見えません。身長の高い低いは肉眼で見えますが、やさしい人の心は肉眼で見えません。

やさしい心と思っていても、時と場合によっては変心します。たとえ思いこんでいても不動ではありません。

すなわち、私たちの実体は永久不滅ではないのです。自分の力で自由自在にコントロールできません。生きていたいと願っても死ぬときは死にます。

従って私たちは自分の力だけで行きぬくことは不可能です。他の多くのはからいによって生かされているのです。

私たちは、自分の意志、願望によって、親や出生地などを決定して選んでいるわけではないのです。

気がついたら、自分の親のもとに生まれたのです。

今こうして生きているのは、実は、自分の考えとは別のはからいで生かされているのです。

我欲にふりまわされて、「我」へのこだわり、「自分で生きている」という発想に支配されると不幸の原因になるように思います。

「我」へのこだわりをなくした状態が「無我」ということになります。人間は完全に「無我」にはなりきれませんが、その状態、心境に近づこうとする意識づけ、生き方の習慣化が、基本的に幸せ創造に必要と思われます。

私のものなど一つもないのが実状です。生きているのではなく、生かされているのが私たちの実態です。

2．大いなる無限の存在に感謝

人間の体の血管を毛細血管をふくめて全部つなげば地球二周半の長さになると聞いたことがあります。

また体は六十兆個の細胞があるとも耳にしました。

その実数は、私の記憶ちがいであるかもしれませんが、いずれにしても、人知をこえた驚くべき不思議なことにちがいありません。

私たちは、人知をこえた何か無限の偉大なものに支配され影響されているのです。

この私たちをとりまく現実に、「何か無限の存在」すなわちサムシング・グレートがあると思うのです。

私がここに存在しているのは、両親があるからです。

その両親も、それぞれ両親がありました。

私たちは幾代かの祖先が皆あります。男女はいつの時代でも地球上に数多くいたのです。

その男女が縁あって結ばれ、それを何度もくりかえして今の私たち各人が存在しています。

計算や計画などの、想定をこえた縁のうえに私がいるわけです。

子どもは親を選べません。私たちは祖先を選べません。

しかし親や祖先がなければ、私はいないわけです。

その数は無数です。

従って、親や祖先は大いなる無限の存在です。

親は子どもの幸せを念じています。祖先も子孫の幸せを願っています。誰一人として、子孫が不幸になりますようにと念じている親や祖先はいません。

親、祖先は感謝すべき人たちなのです。親、祖先の恩を思い、感謝の心で日常生活するのは当然の人の道です。

感謝の心、私たちをとりかこむ大いなる無限の存在に感謝する心が強くなれば、それに応じて、私たちの幸せは拡大します。

恩を受けていても、恩を実感できない、恩に感謝できない人は幸せにはなれません。

3．願われて生きている日常生活を実感し対応

私たちの体には、「免疫力」と「治癒力」があります。

免疫力は病原菌や毒素に抵抗して発病しないように作用します。治癒

力は病気やけがを治す力です。

これらは一日でも長く生きるように作られている自然の作用です。

私たちは誕生してから現在までこのように生きています。今まで生命が継続していたのは不思議です。

この地に誕生して、誰も世話してもらえなかったら死亡していたはずです。

今こうして私たちが生きていることは、無数の人たちから、無限の愛情と支援があったからです。

これは間違いのない事実です。誰からも愛情と支援なくして今はありえません。

大自然から想像をこえる支えがありました。水、空気はもちろんです。衣食住の生活で限りなく大自然の恩恵をうけました。

大自然が私たちを生かしてくれたのです。現在も同じです。大自然の私たちへの願いによって守られ、生かされているのです。

私たちは、何故、人間に生まれてきたのかを誰でも一度は考えこむことがあるはずです。

自分で願って人間に生まれてきたと思えない人、思いたくない人もいると考えます。

そのような考え方もある中で、大自然や、親、祖先など、限りない数の存在から特に願われて、この世に生まれてきたと私は真剣に思い、感謝しています。

私は大いなる無限の存在により願われて生まれ、いま生きていると思いたいのです。大いなる存在に感謝したいのです。

私は願われて生きているので、恩に報いるためにも、私は幸せでありたいのです。

私が幸せな日常生活をおくっていれば、大いなる無数の存在にも、きっと喜んでもらえると思うのです。

子どもの幸せを念じて子育てをしている親にとって、子どもが幸せであれば、親も幸せです。

私が幸せになって日常生活をすれば、私の幸せを念じている大いなる存在も、また幸せです。

私が幸せであることは、最高の恩がえしであり、相互の幸せになります。

だから、人は皆が幸せになる努力をしなくてはならないのです。

[4] 報謝で生かされている幸せを強化

1. 自分育てに真剣にとりくむ

報謝は感謝して恩に報いることです。報謝の具体的なやり方として、自分育てを行い自己実現することです。

無限の恩恵に生かされ、大いなる多方面からの願いに支えられて生きている私たちは、自己実現も報謝の具体的な方法となります。

二宮尊徳は、「大事をなさんと欲せば、小なる事を怠らず勤むべし。小つもりて大となればなり」と、青年たちに説いたと伝えられています。

まさに格言の「塵も積もれば山となる」です。

自分の夢実現には、毎日の小さな努力の積み重ねが大切です。

野口英世が好んで使った言葉に、「忍耐は苦いが、その実は甘い」があります。

こつこつと根気よく目標に向かって努力している過程ではつらいことも多くあります。

成果があった後は幸せです。実《じつ》はつらいなかにも幸せはあるのです。地上でまったく同じ人間はいません。なにか他の人とちがう人生があるはずです。自分なりの成果と幸せもありえます。

自分の夢、理想に向かって、自分なりに努力することは楽しいことです。何かで、かならず成果があります。

自分なりの夢達成、自分なりの自己実現にむかい努力して成果が思うようにいかなくても幸せを得られます。努力したという幸せ感があります。

成果があれば、その幸せはたいへん大きなものです。

残念ながら何も夢をもたずに挑戦しなければ、そのときには幸せにはなりえません。

人生は、プラス思考で、前向きに生きるなかに幸せがやってきます。

幸せは与えられるものというより、自分から創造し拡大するものなのです。

2. 社会貢献に強い関心をもつ

仕事は収入を得て生計をたてるのに役立ちますが、その他に重要なことは、社会貢献していることです。盗みをして収入を得るような仕事は、社会に有害です。

「不偸盗《ふちゅうとう》」は盗みをしないことで、人間のやるべき行いではないと戒められているのです。

社会貢献して収入があることは、他にも別のメリットがあります。人生学習をしているのです。

仕事は、収入、社会貢献、人生学習の三つを並行しています。素晴らしいことです。

仕事は、私たち個人と社会を密接につないでいます。

詐欺、窃盗は悪事をはたらく人にとっては仕事かもしれませんが、社会貢献になっていません。

一見すると、社会的に認知された仕事でもその職業上の立場を利用して、社会に害をあたえる言動をすべきでないのは当然です。人間の心が迷い、時に悪事をはたらいたり社会に害となる言動をおこすのは、自分と他人あるいは社会は別ものとする発想です。

実は、社会を構成する一人一人が自分であり、各個人が集まっているのが社会です。

従って、「自他一如」です。個人と社会は一体なのです。我欲にそまった個人が社会をだめにします。社会に不正が横行すれば各個人も不幸なのです。

「自他一如」ですから、私たちが幸せになりたいのなら、社会も幸せにする心や努力が大切です。

私たちは生活のあらゆる部分で、社会貢献したいという気持をもちたいものです。

3. 他におしまずに与える布施心

布施は人に金品をあたえたり、教えを説いたり、やさしさ等をほどこすことです。

才能に恵まれ、情熱をもって仕事をして、財を多く得た人は、生活苦の人に金品をあたえることも大切です。

この世を去る時に、大豪邸や多額の財産は不要です。一定以上の財は人が生きるために必要ではないのです。衣食住に不自由を感じない程度の経済力で人は充分なのです。

生活苦の人を助けることは、幸せなことです。

「財施《ざいせ》」は財ゆたかな人の社会的な一種の使命です。死ぬ時に多くの金品につつまれても幸せは買えないのです。遺産相続で家族間のあらそいのもとになりかねません。

「子孫のために美田を買わず」という言葉があります。子孫は自分たちの努力で生きていくべきです。

三億以上のお金を庭に隠しうめて盗難にあった人の事件が報道されたことがあります。火災で紙幣が焼失することを心配して庭にうめたのです。

結果は盗難です。

その事件の報道があって、日を数えぬうちに庭にうめた本人が死亡されました。

このような話は程度の差はあれ数多くあります。

何のためのお金でしょう。衣食住の日常生活に困ることがなければ、余分の金品は不必要です。

財のない人も布施の方法はあります。

そのうちの一つは、「身施《しんせ》」です。肉体的労働奉仕活動です。

「眼施《げんせ》」です。やさしいまなざしで他人を幸せにするのです。

「和顔施《わげんせ》」もあります。笑顔でほどこしをするのです。

このような言動は「無財の布施」と言います。無財の布施なら誰でも実行できそうです。

例えば病気で闘病中に、医師、看護師、家族の支えをもらっている人が笑顔で、「ありがとう」と言うことは素晴らしい布施になります。

物や心の両方で、与える側の人、与えられる側の人に布施はできます。

布施心のある人は幸せです。自分が幸せになりたいなら、相手も幸せになりたいのです。

まず、自分の方から、相手に幸せになってほしいと願いたいものです。

[5] **忍耐**で幸せ人生街道の旅人に

1．つらい仕事や勉強にもはげむ

「僕の前に道はない。僕の後ろに道は出来る」と高村光太郎は言いました。

人生に四苦八苦はつきものです。特に、何ごとも成果を出そうとすれば忍耐が必要です。

近年、就職後の定着率が低下していると伝えられます。忍耐心の弱体化がさけばれます。

高学歴の人も離職する傾向が強まっているようです。

理由は離職者当人が「自分に仕事があっていない」が一般的な言いわけです。

私は、「仕事が自分にあっていない」は多くの場合、「自分から仕事にあわせる」忍耐力が必要だと思います。自分と仕事がぴったりという関係はまずありえません。

私は苦労して大学を卒業しました。生活費と学費を得るために、必死で仕事にたちむかったものです。

さがした仕事は、不平を言わずに、やり続けました。

すると、どの仕事にも楽しさ、幸せ感が増大したものです。

楽しくない、幸せでない、主たる要因は、仕事をする側の人間の忍耐力の有るなしによると体験的に理解しました。

仕事はつらくても、やっているうちに楽しくなり幸せになってきます。忍耐なくして、なにごとも達成しません。

仕事に不平や不満を言い続けると、一生にわたって仕事にありつけないのです。

「自分にあった仕事を見つけるまで、じっと待つ」と言う人がいます。

自分が納得して幸せになる仕事は初めからやってきません。

忍耐して続けてとりくんでいるうちに、自分に仕事があってきます。

勉強も、仕事とまったく同じです。忍耐力の弱い生き方になれてしまうと、生涯、心からの幸せにはなりえないのです。

2. 病気や生活苦にも耐え忍ぶ

徳川家康は、「人の一生は重荷を負いて遠き道を行くが如し」と言いました。

人生には各種各様の苦しみがあります。常に大小を問わずに苦にかこまれています。病気や生活苦もそのなかにあります。

人の一生は単純なものではない。平均寿命八十歳の現代社会にあって、一般的に人生は長くなっています。

そのうえに、多様化社会であり、変化の激しい社会です。

一生のうちに体験する苦しみもしばしばあります。それでも生きている限りは耐え忍ばなくては幸せはやってきません。

徳川家康はこうも言いました。「啼かなくば啼くまで待とうほととぎす」

これは忍耐の重要性を説いたものです。

私は誕生時に未熟児であり、義務教育を終えるまで大病をくりかえしました。

その結果は健康の重要さを実感して、生きている幸せに感謝できる心をもつことができました。

誰でも口では健康の大切さ、生きていることの幸せを語ります。

しかし、死線を何度もさまようと、その大切さ、生きている幸せ感や健康体のありがたさを、全心身で理解できます。

頭の理解と、体験の理解の差は大きいのです。

生活苦についても同じです。ホームレスを体験した人と、普通に貧しいという人とは生活苦の度合いはまったくちがいます。

私は大学時代に相当の生活苦を体験しました。

ホームレスまではいきませんでしたが、かなりの貧しさでした。

衣類は古着屋で買いました。

食べ物は幾度も知らない家にかけこみ夕食を食べさせてもらいました。

住まいはベニヤ板の三畳一間でした。

冬などはすきま風がはいりました。全身を毛布でつつみ、寒さをしのぎました。

入学後しばらくして、収入の道をさがしました。四年間で、アルバイトの種類は五十種ちかくになりました。

そのどれもに、辛いこともありましたが、総体的に楽しく幸せでした。

自分から道をひらき、学生生活をしているという喜びがあったのです。幸せな四年間でした。

他人は、「よく頑張ったね」と言ってくれることもありますが、私としては幸せな四年間だったのです。

苦は人を幸せにしてくれることがあるものです。

幸せを苦の中にみつけるために、忍耐がぜひとも必要です。忍耐がなかったら、苦を苦のままで終わってしまいます。

忍耐は幸せを実体験するために、欠かすことが出来ないきわめて重要な要因です。

3. 苦しみは楽しみ幸せのもと

「苦は楽の種、楽は苦の種と知るべし」は徳川光圀の言葉と伝えられています。

働いているうちは苦しいが、必ず楽な生活がおとずれる。さぼって楽をしていると苦がやってくると農民たちに説いたそうです。

「仕事は段取り」とよく言われます。

仕事をするのに手順・方法・準備をしておかないと、仕事はうまく出来ません。

「人生も段取り」だと私には思えます。

受験にあたって、合格するためには、段取りをして準備、対応しなくては合格はえられません。

段取りなく受験だけを幾度くりかえしても合格の可能性はひくいのです。

準備すること、受験勉強することは苦しいことです。

それでも合格すると、自分の人生の生きる力がつき、幸せもあります。たのしくもあります。

まさに「苦」のあとに「楽」ありなのです。

人生も同じです。

若いころに勝手気ままに苦労をさけ遊びまわり、未来の生活に向って準備や対応の努力をしていないと、成人後の人生に光がさす可能性は低いのです。

運や不運もありますが、努力して苦労した分、いつかは楽しい幸せがやってきます。

幸せは、自分から引きよせ、増やし、強化するものです。

苦労なく、他から無条件に与えられることを期待すれば、さらに不幸がやってきます。

本当は、苦のあとに楽があることの他に、じつは「苦」の中にも「楽」があるのです。

大きな幸せを楽しむ人は、苦をむしろ楽しむ人のように思います。

人生の各分野で名をなした人は、「苦」の中に「楽」をみいだし、苦楽を楽しみ、苦楽に幸せをみつけて生活しているようです。

「苦楽一如」逆に「楽苦一如」の世界観、人生観で生きる人は真の幸せ者だと思います。

[6] 持戒で人道を活き幸せな日常生活を

1. 法律やルールを守る心

人間は万人が平和に、安心、安定して生きたいのです。

人間は社会的な存在によってなりたっています。

社会集団と、共存や共栄していかなくてはならないのです。

そのために、法律やルールがあります。

一部の人の心なき存在の違法言動、ルール違反言動によって、社会全体の幸せが崩壊してしまうのです。

車や人が、勝手きままに道路を利用すれば交通事故がおこり、場合によっては死傷者が多くでます。

事故をおこす方も、おこされる方も不幸です。

電車の乗降も、降りた人を確認した後で、乗る人が行動します。

乗降者が一度に入り口で押しあいすれば怪我人がでたりします。時には口論になり、死傷者がでかねません。口論のあげく、ホームからつき落とされた事件もありました。

社会で共通に定めた法律やルールは一人ひとりが忠実に守る心がぜひとも大切です。

自分がおかした悪業が結果として不幸を招く、もっとも一般的なケースは違法行為です。

「自業自得」は、自分のおかした悪い行いのために、自身の生活にそのむくいを受けることを意味します。

悪業をおかした本人ばかりでなく、家族、社会にとっても不幸な原因になります。

私は社会奉仕活動の一つとして、刑務所の篤志面接委員をしています。違法行為によって有罪判決を受けた受刑者の皆さんの更生と、社会復帰のお手伝いをしています。

受刑者の方の自己責任であり、自業自得の部分もありますが、出所後の日常生活は想像以上に不幸なケースが多いのです。残念ですが現実です。

家族や社会にとっても不幸なことです。残念ながら受刑者数が多く、全国の刑務所は全体としていっぱいのようです。犯罪のない社会が望まれます。

幸せは万人の共通の願いです。幸せ達成のために、ぜひとも法律やルールをきちんと守って生活したいものです。

2. 良心に反する言動を慎む

人が不幸から幸福になるには、心のもち方や生き方を変えれば、苦しみの中に幸せが創造できます。

「正しく道理にかなった、ものの言い方をすることと、正しく道理にかなった行動をすること」があります。

釈迦が幸せの世界に生きる道を説いた「八正道」のうちの二つです。善悪を判断する心の働きである良心は、本能的なものです。教養とか学識とはあまり関係がありません。

かくれて、他人の物品やお金を盗むことは誰がみても良心に反します。

私は過去に、数名の不良少年が寺院の賽銭をとっているのを見つけて注意をしました。

すると彼等はこの寺院には防犯カメラが設置されていない。証拠を残した映像がない。ポケットに入っているお金は自分たちが持っていたものだと言いはりました。

逆に犯人あつかいだと、彼らから暴言がふりかかりました。暴力をうける一歩手前までの危険な状態になりました。

私は荒れくるう彼等に、静かに言いました。

「寺院には防犯カメラは設置されていないのは確かだね。しかし自分たちの心には良心のカメラがあるよ。万人に生まれつき、良心カメラはついている。そのカメラに賽銭ドロボーが映っている」
と力をこめて言いました。
さらに続けて言いました。良心に反する暴言の様子も映っていると
いった内容を語りかけました。
金銭欲に負けていた彼等の良心が反省の力をあたえました。数名の少
年たちが、それぞれポケットから盗んだお金を、私のハンカチの上に並
べたのです。
思想家ルソーは、「過失をなすは恥ずべし。されど過失を改むるは恥
ずべからず」と言ったと伝えられます。
人間は、ややもすると一度あやまちを犯すと、それを正当化しようと
自己弁護をする。
このことをくりかえすとますます重大な問題を犯します。
意図的であろうと、なかろうと、あやまちは恥ずべきです。
それを告白し、改むる勇気が大切です。
私はルソーの言葉の内容を話しました。「勇気をもって白状してすば

らしい」とほめました。
彼等の顔は、すっきりとした明るいものになりました。
私に暴言をなげかけた時とは大きく変わっていました。
良心にしたがって生きる時は、顔つきも、おだやかで、すがすがしいものです。
人は良心を大切にして生活すると、幸せになれるのです。
「八正道」は、人間の正しく生きる道を示しています。
そのなかの二つ「正語」と「正業」は幸せ実現の大切な生き方です。

3．強欲におぼれない生き方

全ての人は例外なく多くの欲望をもっています。
「食欲」「性欲」「睡眠欲」「財欲」「名誉欲」「生存欲」なのです。
欲望は、自己成長の原動力にもなります。基本的に欲望を全て否定すれば、人間は生命の維持もできません。無欲であったら、今このように私たちは生存していません。

しかし、欲望を無制限に肯定すると、私たちの苦悩は限度をしらずに大きくなります。

欲望は、私たちを苦しめ、悩ませる煩悩に転化するからです。煩悩の拡大によって人生をくるわせることもあります。

食欲に制限がなくなると病気になります。

性欲の奴隷になると、異性問題をおこしたりします。

財欲や名誉欲を満たすために、有罪事件をおこすこともあります。

社会に害になり、自分の人生をこわす要因として、各種の強欲の満足願望があります。

高学歴で、地位や名声のある人が、性欲・財欲・名誉欲の奴隷になり、マスコミの話題になります。

せっかく努力して積みあげた過去の実績がふきとび、悲劇の人生をあゆむ実例もしばしばあります。

強欲に支配されると、人生に幸せはやってきません。

『般若心経』という仏教経典の中に、「滅道《めつどう》」という文字があります。苦しみの原因である欲望を制御して、人間として正しい道を歩むことを説いています。

強欲を滅ぼして生きることの大切さを言っています。

強欲のとりこにならないで、さわやかに生きる道を選び実践することによって、幸せ人生に近づけるのです。

現代社会は他を犠牲にしてでも、我欲を追い求める人が増加しています。犯罪が多い原因の一つにもなっています。

不幸なことです。

[7] 希望が活力ある幸せ人生に導く

1. 明るい社会に少しでも貢献

聖徳太子は『十七条憲法』の制定者として有名です。

その第一条に、「和を以て貴しと為す」があります。

仲よく協調して生きていくことの重要性を説いています。

人間は社会的動物です。一人では生きていくことは不可能です。互いに助け、助けられて生活しています。

家族、職場、地域などの毎日の生活で、人間同士が、互いに和の心を大切にして生きていると、幸せを実感します。

不仲や争いの相手がある集団では、心おちつく幸せはありません。

「明日」は、明るい日と書きます。

明るい社会を発展させるために、各個人が、それぞれの立場、能力をいかして努力したいものです。「自他一如」の世界を志したいものです。

自分の幸せは他人の幸せです。他人の幸せは自分の幸せです。

例えば家族のだれかに不幸があれば、家族全員の不幸になります。

逆もまた同じです。自他は一枚の紙の表と裏のようです。

明るい社会になるために、少しでも自分に出来ることで貢献したいものです。

その貢献法の一つとして布施があります。

貧しい人、苦しい人を助けるために、金品を布施する「財施」もあります。

財をなした人が、老いて社会のために、財産を寄付する人もいます。

死ぬ時は誰でも無一文で、火葬場に運ばれていきます。莫大な財産も死を防ぐことはできません。

経費を節約して、助けあい運動に協力して、お金を寄付することもあります。

残念なのは、財力のある人の中に、お金を一人じめしたい人も相当数いることです。

あの世に旅だつ時に、金品は不要なのです。

残された家族が、葬儀費用に困らなければ充分です。

美田を残しすぎると、家族や親族間で争いのもとになりかねません。

通夜や葬式の席で遺産相続が話題になり、口論になる事例もよくあることです。

なかには、葬儀後に殺人事件に発展したケースもありました。

財に余裕がなくても、無財の布施で社会を明るくする貢献法がありまます。


柔和な笑顔で他人に接する「和顔施」です。肉体の労働奉仕をする「身施」です。

一人住いの老人の手助けをしたり、公園や道路の美化に手をかしたりする方法です。

思いやりのあるあたたかい言葉を話す「言施」です。誰でも自分の可能な方法で布施活動は可能です。

私の布施活動は、「電話無料教育相談」を全国展開で四十余年の間つづけています。

手弁当で、刑務所の「篤志面接委員」も行っています。

愛犬との散歩中に、近くの神社寺院で手をあわせ、地上の全ての存在の幸せを祈願しています。全ての動植物の幸せです。

人間だけ幸せになれば、他の動植物は無視の心では、最終的に、人間も幸せにはなれません。

私たち各人がそれぞれ、可能なやり方で社会の明るい未来を信じて、少しでも貢献したいものです。

「自他一如の幸せ達成」です。

2. 自分の可能性を信じて努力

私は人生行路の終盤時期に生きています。世間では、「人生も終わり」

と表現して悲しむ人もいます。

私は、「まだ今こうして生きている」と考えたいのです。なくなった過去の時間を嘆き悲しむより、今ここにある時間や生命を喜び幸せ感をあじわいたいのです。

「今」に「心」と書いて「念」という文字になります。幸せを念じるのであれば、今を心して生きることが幸せの一つの重要な条件です。

「今」を軽視し、充実させる心なくして、幸せな現在や未来は期待できません。

「今」を軽視すると、過去の生活も価値が低下します。

過去と未来は、現在が接点になっています。

線は点の連続です。一刻一刻が過去・現在・未来を形成しています。

今を心して生きなくて、人生の幸せは望めません。

「短かい人生は、時間の浪費によっていっそう短かくなる」はイギリスの評論家サミュエル・ジョンソンの言葉です。自分の可能性に向かって今を大切にしたいものです。

私は、「生涯現役」という言葉が好きです。定年がすぎたら現役でないという発想では、定年後の人生は充実しません。

この世を去る時までが、地上での、バリバリの現役です。老人も病人も、今いきている現役です。

人は皆がその年齢相応、体調相応、現状相応の可能性をもっているのです。

老いたり病気になったら、笑顔で世話をしてくれる人に、「ありがとう」と言いたいものです。

世話をする人も幸せ感があり、喜びもあります。

世話を受けて食事をした後に、「ありがとう。美味しかった」と合掌し、相手の手をにぎれば、どれほど自他ともに幸せでしょう。

いつでもどこでも、幸せの種はあります。

心身ともに健康な時は、自分の可能性開発に、何かで挑戦したいのです。

私は定年後、幾冊かの著書を出版し、全国各地へ講演に行きます。ボランティア活動も続けています。時には、妻の料理を代行します。そのために、料理の本を見て勉強もします。

旅行も大好きですから、時間をみつけて旅に出かけます。

毎日一万歩を目安に速歩をします。体力向上や健康維持に出来ることを実行するのです。

さらに自分の能力を開発して、自己実現や社会貢献を心がけています。

朝、五時半に規則正しく起床して、一日をリズミカルに生活するのです。日曜も祭日も、旅先も、年中かわらずに五時半起床です。

自分の可能性を信じて、「生涯現役」主義の生活は幸せなものです。

3．身近な人達の幸せをまず留意

お釈迦さまは、失明した弟子が針に糸を通そうとして苦労しているのを見て、黙って糸を通して渡されました。

弟子がお礼を申し上げると微笑をうかべて言われたそうです。

「針の先で突いたほどの小さなことでも悪いことは止めて、針の穴に糸を通すようなささいなことでも善いことをするのが私の教えです」と説かれたと伝えられています。

私たちは、小さなことで善行をすると幸せになります。

逆に悪いことをすると心が落ちつきません。

「一日一善」を心がけて毎日をおくると、一週間で七回の善になります。五十年間で、約一万八千回以上の善行になるのです。

楽しく幸せなことです。

善行と言っても、身近な人に、ささやかなことから、まずはじめたいものです。

風邪気味の人に、「今日は顔色がいいですね。体調はどうですか」程度だったら無財で、やる気さえあれば誰でも実践できます。

私が愛犬をつれて散歩中に、孤独感をただよわせている老人に会いました。

彼は愛犬二匹をじっとながめていました。

「犬がお好きですか」と声をかけました。

「子どものころは犬を飼っていた。今は、誰も話しかけてくれない」

となげいて顔色がよくありません。

私は、「この二匹は、母犬と息子の犬で親子です。おとなしいので、よろしかったら二匹ともさわっても大丈夫ですよ」と話しかけました。

老人は、二匹の体にさわって、一人ごとを言いました。

「親子で幸せな犬だね。飼い主もやさしそうだし。一生ずっと幸せにいるのだよ」

と、犬の全身をなでまわしました。犬も幸せそうに尾をふり、体をすりよせたり、老人の背中にのぼったりしたのです。

すると、老人の顔が輝きだしました。

老人は犬たちに、「ありがとう」と幾度も頭をさげました。犬も老人の幸せそうな顔つきを見て幸せそうに、老人の顔や手をなめ続けたのです。

犬でも、相手が幸せそうだと、彼等も幸せなのです。

このレベルの善行なら、日常生活のあらゆる局面で実践可能な機会があります。

身近な人たちに、まず幸せになってもらう、小さな善行は全ての人に可能なのです。

大切なのは実際に実行する心があるかどうかの問題なのです。

他人を幸せにする気がなく、他人から幸せをもらうことばかりを期待する姿勢では、幸せを創造する機会が少なくなります。

「ギブ・アンド・テイク」です。ギブすなわち与えること、テイクは受けとることです。与えてから、受けとるのが幸せの王道です。

「テイク・アンド・ギブ」の発想だと、受け取ったら、与えるです。

「テイク・アンド・テイク」で、幸せを他から受けとることだけの発想や生き方の人は、真の幸せの実現は、どんどんとなくなってしまうのです。

[8] 三昧すれば人生は楽しく幸せになる

1. 集中は能力開花の重要条件

人間の能力や可能性は総体的に大差はないと言われています。能力や可能性を開花させる一大重要条件は、三昧の時間をもち継続することです。

精神を集中させて、ものごとにうちこむことが三昧です。仕事、勉強、趣味など、あらゆる分野で自己実現とか社会貢献する人は三昧生活の達人なのです。

私は、中学や高校で長年にわたり教育活動をしてきました。高校や大学への受験に成功する子どもは、大切な時期に三昧生活をします。

例えば、受験がせまった三年生になると、それまでの生活内容が大きく変化します。

受験をひかえた最終学年の夏休みや冬休みは遊びを考えていません。正月休みもありません。

ただひたすら勉強三昧です。勉強ばかりではありません。高校野球の甲子園出場常連校は、正月も校庭で練習するのが当然と考えています。

部員が下宿生活で連日にわたり猛練習をする学校もあります。野球づけ、野球三昧です。

大研究をする人も、寝食を忘れて研究にうちこみます。

その結果、大きな成果があるのです。

どの分野においても、集中して長期間にわたり三昧生活をすることは苦しいことでもあります。

しかし、苦しみの中に、苦しみをこえて、楽しいことがあります。

まさに、「苦楽一如」です。苦なくして幸せはありえないと思います。

この現実人生において、「終始楽」、あるいは「終始幸福」はありえません。

日常生活で大切な考え方は、「終始苦楽一如」であり、「終始不幸幸福一如」です。

全て苦の原因があるから、良い結果があります。

幸せ実現も、因果律の大法則のうえになりたちます。

集中して能力開花があり、良い結果がでると、私たちは幸せです。自信もつきます。

自信がつけば、新しい分野への挑戦意欲もおこります。人生全体が幸せの方向に進みます。

三昧生活は、私たちを幸せ人生に展開させる大きな原動力になるのです。

そのためには、めざす分野がみつかれば、まず一定期間は集中して挑戦することが重要です。

何もしないで、ただ待っているだけでは、幸せは近づいてこないと思います。

2. 得意分野を伸ばし心ゆたかに

格言に、「ローマは一日にして成らず」があります。

なにごとも短期間で、たいした努力もせずには達成できないという意味です。

人間は、何も出来ない人はいません。

何かは平均以上に出来るのです。何かで可能性があるのです。

私が現場教師をしていた時に、常に心がけていたことがあります。

それぞれの生徒の特徴を見つけて、それを評価して、伸ばすようにはげましました。

勉強であれば、好きな教科、得意な教科をさらに伸ばすように集中して学ぶように伝えました。

すると、学習する楽しさ、幸せがわきます。

楽しく、幸せな気分で学習に集中するから、さらに成果があがります。

その結果、不得意な教科にも挑戦しようとする意欲がわきます。

結果として、総体的に、学習効果があり、不得意教科も成績が向上しだすのです。

勉強がきらいな生徒がいました。

それでも三年間で一日も休まずに、笑顔で通学しました。

その理由はスポーツが得意だということでした。野球部の中心的選手でした。

体育祭の時は、いくつかの競技に出場し、良い成績をあげたのです。

彼は、学校内で、自己表現の場があり、輝く場所と時間がありました。

従って、自信があり、心に余裕があったのです。

得意分野をもち、それを伸ばすことは精神的にもよいことです。人間は、何でもすべてに成果を出せる人は、ほとんどいません。

しかし、何かは得意分野をもてるはずです。

その分野をみつけて、伸ばす努力をしたいものです。

心が幸せになり、心身ともに健康の維持と増進に役だちます。

不得意な分野が修正できなくとも、心の平安は保たれるのです。

3．時には心の解放三昧をする

私は自然が大好きですが、特に有名な山に登ったこともありません。もちろん、南極とか北極に行ったこともありません。外国旅行や、国内旅行も一般的な場所ばかりで、訪問地もそんなに多くはありません。

私は、日常生活で、周辺にある自然の中にいることを楽しみ、心の解放をえています。

二階の書斎の窓から見える雲の流れをじっと見つめるのです。庭にやってくる小鳥の動きをぼんやりとながめます。

朝夕の愛犬との散歩中に、道ばたの草や花の四季おりおりの変化を楽しみます。

このように、私たちの身辺に、大自然の恵みがあるのです。

大自然は、遠くに行かなくてもあります。

この大自然にたっぷりと心身をなげかけると、心身が解放されます。リラックスして、新しいエネルギーがみちてきます。

詩人バイロンは、「葦のそよぎにも音楽あり。小川のせせらぎにも音楽あり。人もし耳を持ちなば物みな音楽あり」と言ったそうです。

多忙な毎日の生活にあって、自然に心やすめる時は幸せです。

時間、費用、体力をさほど使わなくとも、私たちの周辺には心身を解放三昧にする機会は多くあるのです。

[9] 善行は真の幸せ人生をきずく原点

1．長期的な奉仕活動をする

「すべての人を愛し、わずかの人を信じ、何びとにも悪を働くことなかれ」はシェークスピアの言葉と伝えられています。

他人を好き嫌いで分けるのではなく、万人を人として愛する心の重要性を説いています。

わずかな人と言うのは、真の師や、真の友人などを示しています。どの人にも悪をしてはいけないとも言っています。

奉仕活動は、すべての人を愛し、何びとにも悪をなさずという精神から実践されます。真の自分の人生の生き方を導いてくれる少数の人に支えられて、長期的な奉仕活動のエネルギーが与えられます。

奉仕活動は、実践する人も幸せです。奉仕を受ける人も幸せです。両方とも幸せです。

私は、ささやかですが奉仕活動を長期的に行っています。電話無料教育相談を全国展開しています。

子育てに苦悩する親、家族から、現場教師から、子ども自身からと、連日にわたり私の電話に相談がもちこまれます。

これまでに幾人も自殺しようとする方からの電話がありました。

後日、「自殺しないですみました。ありがとうございました」と感謝の電話をうけたことも、何人かありました。

そのような電話がある時に、幸せ感いっぱいになります。

刑務所の受刑者の方たちの更生と社会復帰のためにも、少し仕事をさせてもらっています。

現代社会の現状学習の場をもち受刑者の皆さんに学んでもらいます。

受刑者のかたは長い期間、社会とかけはなれた生活をされます。

高い塀の内側での生活で実社会と隔離しています。

従って、刑を終えて社会に出られた時に、実社会に対応する知識がとぼしいのです。

私は、「経済」「政治」「文化」など広範囲なテーマで、現代社会の実情を話しているのです。

出所前の皆さんに、出所後の生活の心得なども話しているのです。出所される時に、「ありがとうございました。話の内容が具体的で勉強になりました」等と、感謝の一言をもらったりすると、幸せになります。

奉仕活動は「やってやる」のではなく、「やらせていただく」のです。

多忙で自分の生活にふりまわされている時など、電話相談の電話があったり、刑務所に行く時間がくると一瞬の間だけ、避けたいと思うこともあります。

しかし、「やらせてもらっている」のだから、自己犠牲を少ししてでも奉仕活動に感謝しなくてはと考えなおすのです。

自分も他人も幸せになる原因をつくれば、互いに幸せになるのです。

幸せ創造も因果の法則に従っています。

2. 小さなことでも一日一善

小さなことでも日常的に善行をしたいものです。

例えば、毎日かならず誰かに会います。スーパーの買いもの中に、散歩の途中に、電車の中などと、人に会わない日はまずありません。

笑顔で挨拶したり、相手が幸せになりそうな話しかけをしたいと思います。

知りあいの老人を見たら、「お元気そうですね」と声をかけます。

朝夕の散歩にビニール袋を持って行きます。タバコの吸い殻をひろって袋に入れます。

駅のホームで乗降車の時に重い荷物で困っている老人の手助けをする。

この程度なら、やる気があれば誰でも出来そうです。

私は愛犬との朝夕の散歩中に会う人には、「おはようございます」「こんにちは」「暑いですね」「いい天気ですね」等と声をかけます。

知人はもちろんですが、知らない人にも声をかけます。

私の声かけを、パトロール中の警官の人が見つけました。「良いことをしてもらってありがとう。声かけは防犯に役だちます」と、警官の人は感謝の言葉をかけてくれました。

この互いの声のかけあいは民間人のパトロールになっているとのことです。

このような、ささやかな善行なら毎日の生活でいくつか実行可能です。

何か社会に役だつことは、私たちにとって幸せなことです。

自分の日常生活の周辺で、実行できそうな善行をさがし、一つでも多く毎日の生活で継続したいものです。

3．苦悩する人の手助けをする

人生は四苦八苦です。

万人が苦しみや悩みをいくつかもっています。老いては苦悩し、死をむかえて心配し、病をえて自分を失うこともあります。

大切な人と死別して悲しむこともあります。

幕末の学者である佐藤一斎は、「我は常に人の長所を視るべし。人の短所を視ること勿れ」と語りました。

他人の長所を見れば、私たちはその人から学ぶ気持ちがおこります。他人の長所に気づき学ぶ姿勢がおこります。

人間は万人、短所だけでなく長所があります。長所を認めてつきあえば、他人との人間関係も良好です。

私の家に電話がかかってきます。

人間関係に苦労する人からのことが多いのです。職場での上司や同僚、親子、夫婦などの間など多種多様の人間同士の悩みです。

悪い関係での対立とか不調和の主要な原因は、「短所が気になりすぎている」ことがあげられます。

こちら側が相手の短所を批判した心や目つきでいると、相手もそのことを意識します。

同じように、相手もこちら側の短所を気にしすぎます。

この短所の批判の関係を続けていると、互いに悪化を進めて苦悩が拡大します。

私は人間関係に苦悩する相談者に、その解決の一つの方法として、「相手の長所を認めて評価する姿勢」をすすめています。

親が子どもの短所ばかりをとりあげて批判すると、子どもは親の愛情を感じなく対立します。

家出したり、非行にはしったりします。

夫婦でも、短所ばかりを言いあっていれば、家庭内離婚や、正式の離婚にも発展しかねません。

短所のない人間はいません。長所のない人間もいません。人間関係を良くすることに役だてば善行です。

この善行の一つとして、毎日の生活の各場面において、つきあっている相手の長所を認めて評価したいものです。

自信をなくして、生きる気力を弱めている人にも、その方の長所をみつけてあげたいものです。

自分の長所を他人から認めてもらうと、自信がつきます。積極人生の再出発に役だちます。

自信がうまれ明るく生きる気力がつくことに貢献できれば、一つの大きな善行にもなります。

長所を認めることも一つの善なる行動です。無財で出来うる善行です。

[10] 精進すれば自然に幸せがやってくる

1. 自分の役割をはたす努力

「人間と猿との違い、それは人間は労働する動物だからである」とエンゲルスは言ったそうです。

畑をもつ者は、畑を耕すことによって収穫をあげなくてはなりません。

そうしないと畑という宝を活用したことになりません。

私たちは個人として、それぞれが生まれてきた意味もあるはずです。

各人各様に生まれてきた役割もあります。

芸術分野で才能とやる気がある者は、芸術で花をさかせます。

生産品をつくりだす技術で生きがいをもつ者もいます。

地球上に無数にちかい職業があります。一人で幾つもの仕事を同時にやりぬくことは出来ません。

しかし、自分なりの分野で人生に花を咲かすことは可能なはずです。人は生まれた時に、生涯にわたって耕す畑をもっています。

畑は分野の意味です。芸術の畑、農業の畑、教育の畑、技術者の畑、商業の畑などです。

畑すなわち分野は無数にあります。

どの畑、言いかえれば、どの分野で自己の可能性を開花させるかが人生で大切です。

他人の畑で咲く花に嫉妬する必要はありません。

自分の畑で自分の花を咲かせることに努力することが幸せに通じます。

自分に与えられた役割をはたす努力こそ、生きがいです。

他人の成功をうらやむことなく、自分の世界で、自分流に精進することのなかに、幸せが自然にうまれるのです。

2. 自分を愛して精進

会津八一は東京に一軒家を借り、越後から出て来た若者に勉強させました。

その時に若者に伝えた心得があります。

「深くこの生を愛すべし」「日日新面目あるべし」があります。

「自分の人生を大切にして、毎日挑戦して生きる」といった内容です。

ある日、自殺を心にきめてやって来た青年が、この心得を見て、逆に人生に希望をいだいて帰ったという逸話があります。

私は、日ごろから、自分に言いきかせている心得があります。「一日一生」「毎日精進」です。

一日の連続が一生であり、一生は一日の連続から成りたっています。

だから、毎日の生活充実が重要になります。毎日が自分の可能性追求の精進です。

毎日の生活を大切にして、毎日の生活で精進を心がけて生きていると、充足感があり幸せになります。
幸せな人は目が輝き、顔つきがおだやかです。言動に爽快感がありま
す。
私は初めて会った人の過去、現在の生き方の想像がつきます。
それは目、顔、言動に表現されるからです。
今の心境、近況もかなり理解できます。全身に過去、現在が表現され
ています。未来像もかなり想定されます。
過去、現在の生きざまが原因となり、未来の結果にむすびつく要因だ
からです。
自分を愛し、自分の人生を愛することが、きわめて重要です。
精進する生き方は、自分の人生を大切にする、きわめて具体的な対応
方法です。
聖書の有名な言葉に「叩けよ、さらば開かれん」があります。真剣に
求め続ければ道は開けるのです。
自分を大切にして、毎日の生活を精進して生きたいものです。

3．社会の発展に貢献する

人間社会は個人の集合体です。個人が集まり家族、職場、地域社会、国家などが形成されています。

この人間社会は二つの大きなルールのうえになりたっています。

「循環」と「変化」です。

子どもは親、保護者に養育され、その子どもが大人になり社会活動をします。子どもが結婚し親になります。一定の天命をまっとうすると他界します。

このようにして、人間の生命や活動は循環をくりかえします。

生命の転生です。

変化には、進歩と退歩があります。

私たちの社会をふりかえってみると、この「循環」と「変化」に少なからず問題がありそうです。

少子化社会です。生命のバトンタッチの問題です。

変化については、社会が退歩していくのではないかと心配がみられます。

犯罪、自殺者の増加、貧富の格差の拡大や、世界各地の対立現象など数多くあります。地球環境の悪化も深刻です。

私たちは、各人がそれぞれの分野で可能な貢献をしなくてはなりません。

格言に、「塵も積もれば山となる」があります。

個人の小さな貢献でも、全員がそれぞれの立場で可能な分野で貢献すれば、人間社会の良き循環、健全な変化に役だつはずです。

私は四十余年前から、全国の子どもの健全育成に苦悩する親、社会人の皆さんの相談を電話にて無料実施してきました。

自殺を考えておられた人の自殺を防止することができました。

親子の対立などで悩む子どもの救済も挑戦してきました。犯罪をおかして受刑中の人たちの更生と社会復帰の仕事も続けています。

人間は誰でも生まれながらに犯罪者はいません。

同じように生まれても、環境などの影響もあり、社会に大いに貢献する人物になったり、逆に社会に悪業をする人になったりします。

犯罪をおかす人の自己責任である一方、社会の責任でもあります。

私は社会人の一人として、「罪を憎んで人を憎まず」の心で、社会貢献が少しでも出来れば、幸せです。

日常生活で出会う人に、笑顔で愛語の姿勢で接することで社会貢献を心がけています。

病気や、老化で悩み苦しんでいる人を元気づける言葉をなげかけたりするのです。話しをしているうちに、顔に生気がよみがえってきます。

私は、このような相手の顔を見て幸せになります。

私たちは、各人が、それなりに何かのことで社会貢献ができるのです。社会貢献できる人、それを心がけている人は幸せ者です。

幸せには与える幸せがあります。

受けることばかり追及している人は、受けることが期待より少ないと不平、不幸な気持ちになりやすいのです。

与える幸せは、与えることが多くなればそれだけ幸せも増すように思います。

受けとることばかり期待して、他者に何かを与えることを知らない人には、真の幸せ、心の底からの幸せはやってこないと考えられます。

第三章

私自身の体験的日常生活随想記

生かされて　活きる幸せ　道あゆむ

私は守られ生かされながら
今があることを実感し感謝しています。

この生命を活用して、自他の幸せを念じて、
人の道を守って生きていきたいと
願っています。

「生活」は生命を活用することです。
生存ではなく生活を念願して
毎日を大切にしたいのです。

1．死線をさまよう体験で生命ある幸せを実感し
人間は多くの大いなる恩恵に守られていることを体得

私は昭和十二年に、未熟児として生まれました。中学卒業ころまでは、数多くの大病をくりかえしました。

義務教育中の体育実技は見学中心でした。外で元気よく遊びまわった記憶がありません。一週間、欠席なく通学することは不可能でした。学校に行けた日は、授業を受けるだけで精一杯、帰宅後すぐに床につき体力の回復を待ちました。

夕食は、体力が回復してからでした。

学習の予習や復習は、ほとんど出来ない健康状態だったのです。

中学一年になって、急性腹膜炎になりました。

治療中に、肺炎にもなったのです。連日、朝から一日中、高熱が続いたのです。

戦後の激動の時代です。

医療環境は現在と比較して劣悪でした。

飲食ができないうえ、さらに今のように点滴による栄養液の補給もありませんでした。

日に日に体力はおとろえていきました。太股が腕の太さまでやせてしまったのです。

胸も骨と皮ばかりのような体になりました。

脚もおれまがらなくなり、立つことは勿論のこと、誰かに支えられても、動くことが出来なかったのです。

目が少し異様にむきだし、全身は死体のように動かなくなったのです。

ある日のことです。これが世間で言う臨死体験かと考えられることがありました。

私ははてしなく深い井戸の中を、風をきって頭から落ちて行ったのです。

全身が恐怖で硬直しました。助けてという悲鳴の声すら出ません。

頭から高速で井戸の底に向かって落ちつづけるのです。

長い極限状態の恐怖が続きました。

すると突然に落下がとまったのです。

やがて体がうきあがったのです。

次に、井戸の入口の方向に、少しづつ私の体がひきあげられはじめました。全身が軽くなったのです。

真っ暗い井戸から、私は引きあげられて、外に出されたのです。

外は太陽が輝き、井戸の周辺の野原は、いくつもの種類の花が咲きほこっていたのです。

青空に、大小さまざまの鳥が楽しそうにとびまわっているのです。

私は美しい多くの花の中にかこまれて座っていたのです。

鳥も私の肩や頭の上で幸せそうにはねているのです。

私は地獄の世界から極楽の世界に救出されたようでした。

私は目を静かに開けました。

両親が私の両手をにぎりしめてくれていました。

「目を開けた」と、涙を流して、私の頭に手をおき喜んでくれたのです。

医師から死の危険性があると宣告されていたのです。

私は医師の宣告を聞かされていなかったのですが、両親は残念ではあるが死も想定内にあったのです。

しかし医師の宣告より良い結果を想念し、私の病気克服を念じていてくれたのです。

私は医学の恩恵のほかに、親の慈愛の力を体験的に知ったのです。

医師は私に後で言いました。

「あなたの病気が克服できたのは医学の力よりも親の深い限りない慈愛によってです。一生涯にわたって親に感謝してください」

この言葉を今もはっきり覚えています。

私は大病を重ね、死線をさまよう体験から生命があることの幸せを心の奥底から知りました。

生きていることは最大で最高の幸せなのです。

ましてや、病気の状態でなく、日常生活がたいして不自由なく行えるならば人生でこれ以上の幸せは、まずありえません。

健康で今まちがいなく生きているのに、常に不幸や不満の心でいては、生涯いつまでたっても幸せにはなれないように思います。

生命がある、健康である等は、自分の努力も必要です。それ以上に無限の大いなる恩恵に守られている結果なのです。

大自然には水、空気をはじめ無数の大いなる恩恵があります。親、家族、師など限りない人たちに守られ助けられてきたし、現に今もその状況にある結果です。

人間は一人では決して生きていけないのが現実です。

天地万物からの有形、無形の限りない大いなる恩恵をうけて、私たちはこの世で生命を維持しています。

この大いなる無限で無数の恩恵に心の底から感謝することから、幸せの創造がはじまるように私は思っています。

大病や死線をさまよい死を目の前にした体験は私にとって幸せ人生創造を学ぶよい教材でした。

私は、早朝から、神仏、祖先、妻、家族、大自然やその他すべての存在に対して、「生かされ守られて生命がある」ことに感謝して、心静かに合掌しています。

一日が幸せな心でスタートできます。

夜、床につく前にも一人で静かに感謝の合掌をするのです。

「不幸な体験は幸福を創造する原動力」だと確信しています。

不幸は人生の長い過程において、幸せをみちびく、良い経験になります。

不幸と幸福は一体、一枚の紙の裏と表の関係です。

不幸に幸福はつきものです。

私にとって病苦、死線をさまよう体験が、今の私を大いなる幸せに導いているのです。

「人生に無駄は一つもない」のです。幸せになる原動力はいくつもありえるように思えてなりません。

2. 苦学の大学生活で苦労を昇華して「幸せになる実学的社会学」を学習

私の家庭は極貧状態でしたが、両親の子どもに対する慈愛はきわめて大きく、家族間の絆も強くありました。

戦後の混乱状態が続いていました。その中にあっても私の家の経済状況はきわめて貧しかったのです。

そのうえ、当時の田舎での子どもたちの進学率は、高校が三割、大学が一分でした。

少なくとも、私の田舎で、私と同年齢の仲間は、三割しか高校に進学しなかったのです。

大学進学はそれまで私の村では一人もなかったのです。

そのような時代の私の住む田舎で、私が初めて大学進学の道を選んだのです。

大学進学は両親、家族にとって申し訳なく心苦しいことでした。

中学を卒業して家業を手伝ったり、町工場で働き、家計を助けている同級生が多いなかで、村で最初の大都会での大学生活は心苦しくて当然でした。

私は、大学での学費、日常生活費を自分で稼ぐと決意して家を出て、大都会での生活をはじめました。

大学生活をスタートしたものの、経済的にたちまち困りはてました。丸刈り頭髪、ズック靴、高校時代のよれよれ学生服で何か収入の方法はないかと、毎日の大学生活を二の次にして、さがしまわって疲れていました。

まず食べて生きないと、学生生活ができません。食べなくては学べません。

その日も収入源が見つからずに、空腹で夜道を歩いていました。各家で部屋が明かるくなって夕食をする家族の姿が影になって見えました。

私は空腹状態で、一軒の玄関の前に立ちました。

私の呼び声に、奥様が出て来られました。

「私は大学生です。学びたいけれどお金がありません。朝から食べていません。夕食を一度だけ食べさせていただけませんか」

と、学生証を見せて申し出ました。

私の顔と言葉の内容を見て、驚かれたようでした。

「少しお待ちください。主人に相談します」

と女性は奥に入られたのです。

すると男性が玄関に出て、「入りなさい。夕食を食べなさい」と笑顔で私をむかえてくださったのです。

私は幾度もおかわりをして夕食をいただいたのです。

その家の食卓に小学生の男の子がいました。満腹になり、「ありがとうございました。美味しかったです。お礼に、今夜、この子どもさんの家庭教師をさせて下さい。私に今できる感謝の表現はこれくらいしか出来ません」とご両親に申し出たのです。

「君の気がすむのなら、そうして下さい」と、快諾をもらいました。

一夜だけの家庭教師を終えて玄関を出ようとすると、「今度は私たちから君にお願いがある」と言われたのです。

この願いごととは、「君のように真剣に学ぼうとする人に息子の家庭教師をしてほしい。息子にも良い影響があると思う」といった内容でした。

私は次の日から週二回、夕食つき、交通費つきの家庭教師をすることになったのです。

私は悪事ではない限り、収入につながることを四年間で五十種ちかくやりました。

道路工事、新聞のアンケート調査、ビラ配り、学習塾の講師など、今では覚えていない仕事もあります。

義務教育終了までは虚弱で病弱でしたが、大学生になった頃は普通の健康体になっていました。

大学での学業生活と、収入をえる各種の活動との二本立て生活は、気力さえあれば可能でした。

友人の学生の中には、要求金額がそのまま当たり前のように入金したり送金されたりする者もいました。親に説明がつかない金額も含まれているのです。

私は村で初めて大学生活を都会でおくっている申し訳ない人間でしたから、時に親に送金もしていました。

私の気持ちとしては当然すぎる行動でした。

お金をかせぐことは大変なことだと、各種の仕事をつうじて体験したのです。

昼間は大学の教室でテキスト中心の学習です。大学の授業後から深夜まで、実社会の教室で、生活に直結した社会学や人間学の学習をしたのです。

私の大学生活四年間は、充実した幸せな人生でした。苦の中に幸の種があるのです。

このことを体験した大学四年間だったと、今おおいに感謝しています。

美しい蓮の花は泥の田の中に力強く根をおろして咲くのです。

幸せは苦の中に力強く根をはり、その体験のうちに自然とうまれてきます。

苦悩を昇華しないで、真の幸せはありえません。幸せだけが一人歩きして私たちに近づくことはありえないのです。

幸せ人生をおくろうと願う人は、苦悩のなかを真剣に前向きに生きたいものです。

朝のない夜はないのです。朝と夜はつきものです。

幸福と不幸は相互に関係しあっています。

3．罪を背負わずには生活できない人間が毎日生きている現実に感謝すると幸せになる

私がバスに乗っていた時に、横を走っている大きな車の中に数頭の牛

がいました。信号で二台の車が停止しました。

私はバスの窓ごしに横に停車している車にいる牛と目があいました。

牛はかわいい目をしていました。

しかし悲しげで恐怖心にあふれていました。

私にはそう感じて、牛と視線をそらしました。

どの牛も不幸な悲しい運命を予感しているようでした。

その車は屠殺場に行くところだったのです。

肉、皮、骨をとるために殺されに行くのです。

どの牛もそのことを感じているようでした。

私は人間の罪を再認識しました。殺生を日常的にたいした罪悪感をもたずにくりかえしているのが現実です。

人間が人間を殺したら重罪です。人間が動物を殺しても罪にはなりません。

人間は牛を殺して、美味しい肉、まずい肉と牛を評価する。

人間が牛に殺され、牛の食材となり評価されたら、まちがいなく人間は牛に対して腹をたてます。

人間は万物の霊長と自負して勝手気ままにこの地球上で言動している傾向が強いのは事実です。

地球環境の悪化の主要原因は自分たち人間の罪悪の結果です。

犯人は人間自身です。人間は地上で最も罪深い存在です。

人間は地球や地上の全ての存在の創造者でもなく支配者でもないのです。

謙虚に、自己反省の心をもって人間は生きなくてはなりません。

そのことを多くの人間はすっかり忘れて生活しているのです。

現代人は、「いただきます」「すみません」「ありがとう」の言葉の精神を軽視して生きているように思えます。

食前に「いただきます」と言います。

人間は動植物の生命をうばって自分の生存を維持しています。「生命をいただき、すみません、ありがとうございます」の気持ちをもって食事をする姿勢が大切です。

地球上で生活するのに、何かと地球のお世話になっています。空気、水など無数のものの恩恵も受けています。

感謝の心なくして、人間は一分間も生きられないのが真実です。

地球に迷惑をかけていることも多いのです。「すみません」「ありがとうございます」の心を忘れずに、地上生活をしたいものです。

意図的にも、意図しなくとも、私たちは他人を苦しめ、迷惑をかけて生涯を終わる存在です。

このように考えると、人間は誰でも罪を背負うことなしに一日として生きられない存在です。

それでも多大の恩恵に守られ支えられて今日も生かしてもらっています。

この事実に、頭をさげ、手をあわせて感謝したいものです。

罪の自覚、感謝の心が、私たち人間を幸せに導いてくれます。

4．多くの励ましで生きる力が増大し苦悩の現実が幸せの境地に大きく変化

学生時代に深夜のアルバイトを終えて下宿に四十分ほど歩いて帰りました。市電の最終が発車していました。

当時は、自家用車が少なく、真夜中を、市電の道路ぞいに歩いたのです。

途中、大きな神社の近くに、赤提灯のある飲み屋がありました。

古ぼけた椅子に座りました。真冬の深夜で、心も体もひえきっていました。

少しばかりのアルコールで、私は、一日の疲れをいやしていました。

数名の客がいました。老いて人生に疲れた顔つきの人もいました。

未来に希望もない様子を全身にただよわせている若い人もいました。

服装もよれよれで、決して良い生活をしているようにはみえません。

私は大都会に生きる一部の人の生きざまを見ました。

私も苦学生の一人で、何か表現しようもない一体感をその人たちにもちました。

その日のアルバイトは、大学での授業を受けた後に、新聞社の世論調査をして、家庭教師をしました。

一軒ごとに家庭訪問して、アンケートに応じてもらいました。玄関を入ると、「ご苦労さま」と心よく迎えてもらえる家もあれば、逆に不快な顔つきで暴言をはかれる家もありました。

人間も、家庭もさまざまということを直接に体験しました。

家庭教師先は、オーナー社長の家でした。外車が駐車場にとまり、応接間はシャンデリアの照明器具があり、当時の洋画にあるような暖房装置がありました。

どの部屋も明るく暖かく、快適な生活空間でした。

教える中学生の机も社長机のような大きさでした。

夕食も私の子ども時代の田舎の生活とは格段の差がありました。食生活においても貧富の差がはっきりしていました。

田舎に住んでいると、学歴、経済力、地位など、どの人間も格差がほとんどありません。

しかし、大都会では、その格差の大きさに、驚きました。

その差の原因は何なのか、社会のシステムなのかと考えましたが一方で個人的責任なのかとも思いめぐらしました。

その両方が正解なのかとも考えました。

自分の未来の展望を考える生きた資料になりそうでした。日常生活で体験する実学的社会学の重要性を知りました。

私は社会人になってから、学生時代に体験したことが多いに役だっています。感謝すべき実りある学生時代でした。

飲み屋でアルコールで心身をいやし、あたためていると、店の主人が話しかけました。

「学生さん、社会人になったら何になりたいですか」、突然の質問にとまどいました。

「そうですね。ペン一本で生きる作家が夢ですね」

と、気おくれすることなく素直に答えました。

「作家！　作家ね。作家で生活しようと思うと、大学の教授や、企業の社長になるより確率は低いだろう。夢と現実は別だからね」

と、店主は、私の顔を見ずに言いきったのです。

他の客たちは、「そりゃ無理だ」「作家の顔つきじゃないもの」「夢は大切よ。現実は現実。失望して人生をなげやりになるよ。このおれのようにね」と、客同士が嘲笑した口調で、私に言い続けたのです。

私は腹がたちました。私は店を出ようとしました。

すると、店主が「学生さん！　あんたね！　まちがいなく作家になれるよ。夢は追わないとね。なれるよ、なれる作家に」

と、私の肩に手を置き、笑顔で励ましてくれました。

私はその後、この店主の愛情ある言葉に、力付けられて、これまで二十余冊の本を書店に並べることが出来たのです。

この店主の愛情に満ちた言葉と笑顔がなかったら、本が書けなかったようにさえ感謝しています。

新聞社の世論調査で接した多くの人たちからも、「しっかり勉強して、社会に貢献できる人になってください」といった内容の励ましを数多くもらいました。

家庭教師先でも栄養をつけるようにと、食べものに気をつかってくれ、「体に気をつけて、しっかり学んで立派になって下さい」と、励ましの言葉を幾度かいただきました。

世間一般からみると、苦学生の一人でしたが、私は多くの愛情あふれる激励で、幸せになり、力をえたのです。

現在、私の願う生き方の一つに、苦悩の中にいる人に少しでも、元気に生きられる励ましの言葉をおくることがあります。

一日に小さなことでも、人が明るく元気に生きられる力になる言葉をおくりたいものだと念じて今日も生きています。

私はこれまで、どれほど、多くの激励の言葉で生きる力が増大したかわかりません。

感謝にみちた人生でした。

5.『内観修行』体験で心身に激震が起こる
懺悔と感謝で生き方が大きくプラス思考に変わる

私は五十代の中頃に、かなり重症の自律神経失調症にかかりました。息苦しく、全身が鉛で出来ているように重く動きにくくなりました。感情の起伏が激しく精神が安定していませんでした。

一つのことにこだわり、頭の回転がにぶく、いらいらしていました。

私は医師の診断を受けたところ、予想していたように自律神経失調症にかかっていました。

医師は薬を飲みながら、しばらく気分をのんびりさせて生活をするようにすすめてくれました。

好きな旅行、温泉行きなどでリラックスするようにとのことでした。

私は医師の指示に従って生活をはじめたのです。

確かに旅に出て、車中から風景をながめたり、温泉につかり、旅先でその地の名物を口にしている時は、少し気分が落ちつき、さわやかになりました。

気分がやや解放され、心身の調子が少し良くなったように感じました。

旅を終えて、帰りの電車やバスに乗ると、病状がしだいに悪化するのが自覚できました。

家に着くころには、旅に出る前と同じような心身の悪い状態になりました。現実の生活空間に自分がおかれているからです。

旅に出て温泉にはいったりすると現実からはなれるので、病気がよくなったと、心身が錯覚しているようです。

私は、妻に積極的にすすめられて、三重県桑名市多度町にある「専光坊」という名の仏教寺院で修行することに決意しました。『内観法』をとりいれた有名な仏教修行を行う寺院です。（一六六頁参照）

『内観法』は、過去と現在の私自身の生きざまを、きびしくチェックする方法です。

そのチェック内容は、次の三項目です。

（一）世話になったこと
（二）迷惑をかけたこと
（三）お返しをしたこと

親、家族、師、友人、地域の人など、数多くの人たちと、自分の過去、現在のかかわり状態について想い出し調べるのです。

例えば親に対して、「世話になったこと」「迷惑をかけたこと」が無限によみがえってきました。

一方において、親に対して、「お返しをしたこと」は皆無に等しいのです。

家族、師、友人など全ての人間関係において、「お返しをした」と言いきれるものは、まずありませんでした。「世話になったこと」「迷惑をかけたこと」ばかり回想されてきました。

私の心身に激震がおこりました。無限の恩恵を各方面から長年にわたり受けていながら「申し訳ない」「ありがとう」の心が、ほとんどなかった自分の罪の深さに気づいたのです。

懺悔と感謝の心で涙がとめどもなく流れました。

私は息苦しくなりその場で倒れました。

修行中に私は罪深い自分の姿をみたのです。

毎日の『内観』中に他の修行者と読経をしたり、仏教の法話に接したりもしていました。

修行中、一錠も、自律神経失調症の薬を飲みませんでした。一錠も口に入れないと決心して、一ヵ月の修行に入っていました。

二週間もすぎると、心身が急に軽くなり、息苦しさもなくなりました。

これからは、「世話になる」「迷惑をかける」ことを可能な限り少なくして、少しでも「お返しをする」ことを多くする生活をしようと発心したのです。

プラス思考で他者に貢献を心掛ける人生にしたいと考えるようになったのです。

小さなことでも、他者や世の中に、「お返しをする」一日一善を心して生きようと考えました。

出来れば一日多善にして生きたいと願ったのです。

すると、自分の人生に積極性がうまれました。あれほど苦しんだ自律神経失調症もうそのようになくなったのです。

この自律神経失調症から脱出してから、私の人生は好転しました。仕事も能率があがりました。

人生は発想が変われば、人生も大きく変化することを体験したのです。

私は薬を一錠も飲まずに、仏教修行で自律神経失調症を克服したことを、精神科医に報告しました。

私の生気に満ちた心身の回復状態を目にして、その医師は驚かれました。

私は今、「人生に無駄なし」「自律神経失調症の苦しい体験ありがとう」という心境です。

苦しい体験は、それを乗り越えた後の幸せ感、充実感ははかりしれません。

苦労も決して悪ではないのです。

私は生死をさまよう体験により、今こうして生きている幸せを喜んでいるのです。

若いころから、人生には死があることも体感しました。

生きているうちに充実した生活を心掛けたいと、若いなりに普通の健康体の人より考えていたと思います。

私はありがたい体験をしたように思えてなりません。

6．無いものに不満より、有るものに感謝して活用しながら人生開拓を心がけて生きる

私の子ども時代は、戦中戦後の混乱期で、経済的にも貧しい頃でした。食生活でも白い御飯を口に出来る時は最高の食事でした。主食が米で

はなく、サツマイモ、ジャガイモ、カボチャというのが普通でした。

お菓子を口にすることは皆無の状態でした。食べられるだけでも幸せな時代でした。

特に第二次世界大戦の終戦をはさんだ数年は今から考えると、極貧の食生活でした。

私は、子ども時代の食生活と現在の食生活を比較すると、地獄と極楽の差と思えるほどです。

戦中戦後に空腹で生命をおとした人も多かったことを思いだすと、今は実に恵まれた食生活です。

私は、食べるもの飲むもの、全て美味しく感じます。不思議なくらい何もかも美味しいのです。

空腹の苦しさなく、腹いっぱい口にできるだけでも幸せです。

そのうえ口にいれるものに多種多様の味があるので、美味しくないはずはありません。

食べもの飲むものがあることに、まず感謝して、味わって食生活をしなくてはと思うのです。

感謝して飲食すると、消化もよく、効率よく栄養になります。食べたものがいかされ、生きる力、活動する力になります。

いつも不平不満で飲食していては不幸です。

何を口にしても愚痴を並べていては、一生涯にわたり美味しいものにはありつけません。仕事も同じです。

自分に完全にあっている仕事は世界中さがしてもありません。

完全に自分に適する仕事を期待するよりも、ある程度のところで満足して、自分の方から仕事に適応させる努力が重要です。

仕事があること、自分にある程度あっている仕事につけることを幸せに思って精進することが必要です。

できる仕事につけたことに感謝して、人生開拓をすべきです。

仕事に従事し、社会貢献し、さらに自己実現できるのですから幸せです。

仕事をとおして社会勉強させてもらっています。そのうえに報酬もあるのです。ありがたいことです。

私は学生時代に、自主自律を心掛けて生きていました。空腹で、夜に、知らない家にとびこみ夕食を食べさせてもらったこともあります。

学生アルバイトの仕事を得て食べられたことは幸せでした。アルバイトは五十種ちかくやりました。

この体験により、大学に通学している仲間より、多くの社会勉強ができたのです。

実にありがたいことでした。

お金がなく生活に苦しむことを不満に思うだけでは、何も得ることはありません。

むしろ性格が悪くなり、生きる力が弱まります。空腹を感じることで、働く意欲がわきます。

与えられた仕事により学ぶことも多いです。報酬もあり、自活能力が向上します。

お金がないことを不満に思うより、むしろこのことに感謝して人生開拓能力を強化したいものです。

ボヤキ人生では前進がありません。

私は幸せ者でした。

若い時代に貧しい体験を私なりにしたからです。

若し私が豊かな生活環境で育っていたら、今の私の幸せ感はかなり少なくなっているように思えてなりません。

不幸は幸せを強化する栄養になることが多くあるのが現実です。

幸せを達成できるかどうかは、考え方、生き方によって差が出ると思います。

大切なことは、心のありようであり、体験をどう活用して、現在や未来の人生開拓を向上させるかだと思います。

7. 慈愛の心で支えられて、自分を失うことなく、自分なりの生きる力を向上できた

私は、生まれつき虚弱体質で、無理がききませんでした。勉強するにも運動するにも、まったく自分の才能を開花させる以前に、体力や気力がありませんでした。

そのうえ、吃音で他の人間と話をする自信がありません。ただなんとなく生きているといった状態の子ども時代だったと思います。

そのような私に対して、親や家族はつらくあたりませんでした。いつか、何かで私なりに能力を開花させると信じていてくれたようです。

気ながに、慈愛の心で私を支え続けていてくれたのです。

私に対して、「少しは勉強しなさい」「もう少し積極的に言動しなさい」

といった内容の要求を聞いたことがありません。

親が私に、「いつか、何かで花ひらく」「もともと可能性をひめているから、あせらずに、じっくりやればよい」といった話を幾度も耳にしたことを覚えています。

私は勉強も強要されたことはありません。体調がよい時に、自分なりに集中して、可能な範囲でがんばりました。

私は、子ども時代から現在まで、勉強は楽しいものという意識があります。

その理由は、「勉強しなさい」と強要されていなかったからだと考えています。

強要されずに、自発的に自分流に学んでそれなりの成果をあげました。

「勉強は他からおさえつけられて学ぶものではなく、自分から学ぶもの」だからです。

高齢者になった今も、私は学ぶことが大好きです。

何故なら、学ぶことは楽しいからです。

親や家族が慈愛の心で私を支えて守ってくれていたことを、感謝しています。

虚弱体質で、病気がちな私に、学ぶこと、積極的な言動をきびしく要求されていたら、私の体調はさらに悪化したかもしれません。

吃音をなおすように言われ続けたら、他人の前で話せなくなったかもしれません。

私が現場教師として、多くの生徒や学生の前で堂々と話せるようになったのは吃音を親がとがめなかったからだと思います。

大学生になったころには、完全に自分で吃音をなおすことに成功しました。

今まで、講演会で、多くの人たちの前で話をしたり、テレビやラジオで話すこともありますが、自由自在に話ができます。リラックスして話が出来ます。

これも子どものころに、吃音で苦しんだ効用です。心を落ちつけて呼吸する方法を体得しているからです。

人生に無駄はありません。苦しんだ体験が、よい結果をもたらすのです。

苦しんだことによって生きる力が向上できるのです。

大切なことは、苦しんでいる者をせめずに気ながに支える慈愛の心を周辺の者がもつことが必要です。

私は、これまで、親、家族をはじめ多くの人の慈愛に支えられて生き、自分なりに生きる力を向上させることが出来ました。

私は幸せ者です。

今、この幸せに感謝しています。

◎第三章にある仏教寺院『専光坊《せんこうぼう》』の所在地
〒五一一—〇一一五
三重県桑名市多度町南之郷三八三
TEL　〇五九四—四八—二一七八
FAX　〇五九四—四八—六三三五

エピローグ

今日も幸せな一日を志して
感謝の心を大切にしながら
自己実現と社会貢献の生活を
目標に精進したい。

「一日一生」と言われています。

一日が幸せであれば、その積み重ねが一生ですので、一生が幸せになります。

同じような生活環境にありながら、幸せな生活を実感する人と逆に不幸感で苦しみ悩む人がいます。

不幸感で苦しみ悩むのも同じ一生なら、幸せ感でつつまれて生活したいものです。

幸せ者になるための発想と生き方として基本的に重要なことを箇条書きにしました。

◎毎日の生活の中に幸せはかならず実在すると考えて生きる

◎過去の生活を反省してもくやまない

◎未来の生活に明るい希望をもつ

◎現在の生活に感謝して精進する

◎まず小さな幸せに満足し感謝する

◎幸せは与えられるものではなく、自分からつかみとるものと考える

◎自分の幸せは、他人に幸せを与えて得られるものと思う

◎不幸をさがさず、まず幸せをさがす生き方をする

◎苦悩のなかにも幸の種があることを知る

◎笑顔で明るく言動していると、幸せがやってくる

一日一日を大切にして、幸せな人生をおくりたいものです。

そのために前向き思考で、感謝と精進の生活を心がけましょう。

自分の夢や希望を実現し、社会に貢献できれば、「自分の一生は幸せだった」と思えるでしょう。

ぜひ、私たち皆が幸せ者になりたいものです。

おわりに

幸せになりたい、一生涯の生活を幸せにおくりたいとは万人の願いです。

私も当然に同じ願いをもつ人間です。

どうすれば、今の苦悩を脱出し、幸せ生活をはじめられるか、今の幸せを拡大する方法は何かについて考えてみたのが本書です。

私は、抽象論は好みません。具体的で誰もが実践可能な方法をみつけて実行するのが好きです。

本書の内容は、実例を多くした体験的なものになっています。

活用できる内容を実行して、ぜひ幸せになっていただきたいと念願しています。

さらに読者の皆さまが、発展的に自分のやり方の幸せ達成法を発見して実践してくださることを望んでいます。

この本が、皆さまの幸せ生活に役だつことがあれば幸せです。

著　者

■ 電話幸福相談案内（無料）

幸せに関して心のお悩みをおもちの方は、お電話ください。

病気の時、講演などで不在の時以外は喜んで受話器をとらせていただきます。

なお、経済や法律などに関する問題は専門外ですので、悩み内容は、心や生き方に関する件に限らせていただきます。

午後9時以降と早朝はできる限りご遠慮ください。

■ [活　　動]

1. 学校教育　　　「英語」「未来創造学」「日本学」「現代事情」の講座を担当。
2. 執筆・出版・講演　　教育全般・生き方・幸せ論など
3. 奉仕活動　　　電話教育相談・篤志面接委員・各種ボランティア

■ [著者に関する参考文献]

1. 『有名講師・講演料七〇〇人情報』（日本実業出版社）
2. 『新訂　現代日本執筆者大辞典』（紀伊國屋書店）

■ [著　　書]

『あなたのライフワークの見つけ方』（明日香出版社）
『子育ては心育てから』（KTC 中央出版）
『三快ビジネス人生のすすめ』（綜合ライフ出版）
『この一言で子どもがグングン伸びる』（海越出版社）
『母親の家庭内教育法』（産心社）
『おしえて！ 電話先生！』―子どもがグングン伸びる「自育力」アップの育て方―（クリタ舎）
『定年！ 第二青春時代』（彩雲出版）　　その他多数

■ [人　生　観]

生かされている幸せに感謝し、活きることに努力しながら自己実現、社会貢献を念じて積極的に精進して日常生活をする。

■ [講演・セミナーのご案内]

宇佐美覚了の出張による講演やセミナーにご関心のある方は下記へお問い合わせ下さい。電話による相談の他に、ご希望の方には講演とセミナー資料を無料（郵送料も無料）でお送り致します。

お問い合わせ下さる方の立場を重視しながら、ご相談に応じさせていただきます。

（連絡先）〒514-0041　三重県津市八町2丁目3番23号
宇佐美覚了（うさみ　かくりょう）
電話/FAX　059-227-0803　　携帯電話　090-1410-3597
URL http://www.k-usami.net/

■著者プロフィール

宇佐美覚了（うさみ　かくりょう）

1937年、三重県に生まれる。南山大学文学部（現・外国語学部）卒業。作家・社会教育家、講演会講師。

海外貿易に従事中、社会の発展と人間の幸せ追求における教育全般の重要性を痛感する。学校教育、社会教育、家庭教育と広範囲な分野での教育活動を積極的に継続している。教育学博士・社会文化功労賞受賞。

ホームページ　http://www.k-usami.net/

今日《きょう》も！幸《しあわ》せありがとう
今《いま》から幸福人生街道《こうふくじんせいかいどう》の旅人《たびびと》になる

二〇一〇年七月六日　初版第一刷発行

著者
宇佐美　覚了

発行者
井戸清一

発行所
図書出版 浪速社
大阪市中央区内平野町二－二－七
電　話（〇六）六九四二－五〇三二（代）
ＦＡＸ（〇六）六九四三－一三四六

印刷・製本
モリモト印刷（株）

Printed in Japan　ISBN978-4-88854-447-4